入社1年目から差がついていた!

# 頭がいい人の仕事は何が違うのか?

What do smart people do in their work?

中尾ゆうすけ

Yuusuke Nakao

Subarusya

# 入社1年目から、すでに差はつき始めている

こんにちは。中尾ゆうすけです。

まずは、この本を手に取っていただき、ありがとうございます。

私はこれまで長いこと人事という仕事に携わってきました。

人材採用、人材育成、評価、昇進昇格など、人の成長が具体的に見える仕事はもちろんのこと、人材の配置・異動といった、人の成長や停滞に大きく影響するターニングポイントにも、立ち会ってきました。

もちろん、誰もが置かれた環境に順応して、職場で頼りにされ、活躍できるわけではありません。なかには問題を抱えて挫折していく人、やむをえずリストラせざるをえな

いような人もたくさんいました。

そのなかで見えてきたのは、仕事が「できる人」と「できない人」がいて、それぞれ多くの共通した特徴があるということです。

私は、さまざまな企業や団体に、研修講師としてお邪魔させていただく機会もあります。

そこでいろんな立場の人に話を聞いたりしているうちに、その特徴は、企業規模や業界、地域、年齢などに関わらず、多くの人にある程度共通しているのではないかという思いを強めていきました。

たとえば、

**「仕事の基本が理解・実践できていない」**

**「仕事の効率が悪く時間ばかりかかる」**

**「ミスが多いうえに繰り返す」**

**「期待に沿ったアウトプットが出せない」**

**「無意識に周囲をイライラさせてしまう」**

など、ほとんどの職場に存在する、仕事があまりうまくいかない人たち。

こういう人たちも、入社した時点では、会社の中心で活躍している人たちと、知識・経験ともに大きな差はなかったのです。

それが、ささいな「考え方、仕事のやり方の違い」で、入社1年目からジリジリと差がついていき、いつの間にか遠く置いてきぼりをくってしまったのです。

## 期待されるアウトプットを出せるかどうか

仕事の能力に差がつくのは、大きなプロジェクトに呼ばれるとか、役員に気に入られるとか、そういった特別なチャンスに恵まれた人と、そうでない人の差だと思う人もいるかもしれません。

しかし、プロジェクトに呼ばれるのも、役員に頼りにされるのも、その多くは結果論です。**本当はそのずっと前から、いくつもの分岐点があるのです。**

その最初の分岐点は、入社1年とちょっと、遅くとも入社3年以内には確実に通り過ぎることになります。

それは**「期待されるアウトプットを確実に出せる能力」**の有無です。

これは、コツをつかんで努力をすれば、誰でもある程度は向上できます。

「期待されるアウトプットを確実に出す」ためには、**「考え方や姿勢」「スキル」「作業プロセス」「人間関係の構築」といったものが、一定の水準に達していることが必要です**（人によってはそれ以外の素養を期待されている場合もあります。ここで言っているのは一般的な話です）。

これらを兼ね備えている人たちは、ごく自然に求められるアウトプットを出すことができています。もちろん、人によって得意不得意はありますが、それぞれの得意な部分については、とくに学ぶことが多いです。

こういう元々センスがある「頭がいい人」たちが、どういう仕事のやり方をしているかというと、普通の人と大して違いはありません。

まさに「コツ」レベルです。

ただし、**やり方が属人化しやすく目に見えないので、できる人とできない人の差が大きくなりやすい**のです。

「自分ではできているつもりだったのに、実はそうでもなかった」と気づくのに、だいぶ時間がかかってしまう人もいます。

そこで本書では、なかなか表に見えない、この「頭がいい人の仕事のやり方」を紹介することにしました。

できる人のまねをするというのは、能力向上の基本です。

その際、逆にうまくいっていない人を「惜しい人」として、その違いも説明していくことにしました。できていない人の考え方や、仕事のやり方に、自分が当てはまっている場合、そのことにまず気づくことが、大事だと思うからです。

## 「頭がいい人」のやり方を身につけよう

本書はさまざまな角度から、「頭がいい人」と「惜しい人」の特徴を紹介していきます。あなたが自分自身の行動を振り返り、これから先どうあるべきかを考えていただく指針となればという思いで書かせていただきました。

ぜひ、社会人になって間もない、20代の方の参考にしていただきたいと思います。

そして一方で、30歳、40歳という、組織において中堅、ベテランに入ろうとする方々にも、改めてご自身の仕事のやり方の点検にご活用いただければと考えています。

仕事ができる人とそうでない人の差は、この年代だと、年齢を重ねるごとに大きくなっていくように感じます。

しかし、それは任される仕事の差であり、実質的な能力差では、まだまだ挽回可能な範疇にいる方が多いのです。

結果が求められる毎日のなかで、もう一度基礎から仕事のやり方を鍛えていくのは大変かもしれませんが、やりがいがあることではないかと思います。

本書は、最初から順番に読んでいただいても、気になるところから読んでいただいても結構です。たまたま開いたところからでも大丈夫です。

どこから読んでも、仕事の能力が上がるヒントが見つかるでしょう。

ただし、読んだだけでは何も変わりません。

人が成長するには、入ってきた情報を実行してみることです。

行動が人を変えていくからです。


あなたの周りにもいませんか?

「頭がいい人」そして、「惜しい人」……。

**見渡してみると意外に一目瞭然だったりもします。**

あなたはどっちに見られているでしょうか。

早速、この先のページをめくってください。

一つひとつ不安を取り除いていくことで、必ず、周囲から「できる人」と言われるようになれます!

中尾　ゆうすけ

頭がいい人の仕事は何が違うのか？

目次


はじめに …… 3

入社1年目から、すでに差はつき始めている
期待されるアウトプットを出せるかどうか
「頭がいい人」のやり方を身につけよう

第1章 頭がいい人はゴールから考える

1 頭がいい人は、目的から逆算して仕事をする
惜しい人は、言われたことをそのままやる …… 20
期待される人の仕事のやり方
必要なことと必要でないことを見極める

2 頭がいい人は、求められるアウトプットを出す
惜しい人は、ピントがずれている……26
なぜ、「そうじゃない」と言われてしまうのか？
時と場合によって、やるべきことは変わる

3 頭がいい人は、「計画」と「確認」を大事にする
惜しい人は、やみくもな「行動」で空回りする……32
少し考えれば、誰でも予想がつく
目先の効率に縛られすぎない

4 頭がいい人は、人が動きやすい環境を整える
惜しい人は、人に丸投げして警戒される……38
人に動いてもらうための４つの情報
日ごろの取り組み姿勢が影響する

5 頭がいい人は、自分で考えて実行する
惜しい人は、机上の空論を人に押しつける……44
「要求するだけの人」は結果を出せない
コツも大事、経験量はもっと大事

第2章

# 頭がいい人は、なぜ効率がいいのか？

1 頭がいい人は、上司が安心する「報連相」をする
惜しい人は、自分に都合良く「報連相」をする……52
「上司が知りたいこと」を知らせるのが基本
問題の有無に関わらず「その都度」伝える

2 頭がいい人は、なるべくその場で終わらせる
惜しい人は、後で落ち着いてやろうとする……58
メールは読んだときに処理する
言いにくいことは直接話すほうが早い

3 頭がいい人は、途中から途中までやる
惜しい人は、一気にやろうとする……64
すぐに着手してしまえ！
「半端な進め方」に効果がある

4 頭がいい人は、資料は薄く、手元の情報は厚い
惜しい人は、資料にすべての情報を書く……70
説明が長すぎて、話し合いができない！

ポイントを伝えて、あとは質問に答えていく

5 頭がいい人は、情報をわかりやすく共有する
惜しい人は、情報を右から左に共有する……76
情報共有のやり方で、職場の効率が変わる
重要なのは「速さ」だけではない!

6 頭がいい人は、本来の「重要な仕事」が優先
惜しい人は、頼まれた「緊急な仕事」が優先……82
まず、相手と話し合って日程調整をする
迷うときは、すぐ片づくほうを優先に

## 第3章 頭がいい人のミス回避法&お詫び術

1 頭がいい人は、大事なことをメモに書く
惜しい人は、知らないことをメモに書く……90
忘れ物をする、段取りを間違える……
頭がいい人は「メモを取る基準」が違う

2 頭がいい人は、不備がないようにメールする
惜しい人は、思いつきでメールする……96
トラブル回避の工夫をしよう
「誤送信」してしまったときの対処法

3 頭がいい人は、仕組みでミスを防ぐ
惜しい人は、「ミスはない」と思っている……102
ミスが起きにくい仕組みづくりとは？
ケアレスミスの防ぎ方

4 頭がいい人は、最適なお詫びの仕方を選ぶ
惜しい人は、火に油をそそぐ……108
利害関係があるからこそ、技術がいる

## 第4章 頭がいい人が欠かさない仕事の習慣

1 頭がいい人は、ITで処理速度を上げる
惜しい人は、いつまでもやり方が同じ……116

目に見えて「できる人」になる
面倒だと感じたら、その場で調べる

2 頭がいい人は、余計なものを持たない
惜しい人は、余計なものを自ら増やす……122
「いざというとき」に備えすぎ!
「ゴミを出さない」意識で仕事をする

3 頭がいい人は、必要な書類をすぐ探し出せる
惜しい人は、書類がゴミと一体化している……128
探さない、なくさない、書類の保管
検索性の高さを考えて収納しよう

4 頭がいい人は、5分前には来ている
惜しい人は、他人の5分を奪う……134
時間は「カネ」と心得る
交通機関の遅れは想定しておくべき

5 頭がいい人にとって、「挨拶」は仕事の一部
惜しい人にとって、「挨拶」は労力のムダ……140

仕事がはかどらない職場の特徴
挨拶ができない人は、緊張が解けない

6 頭がいい人は、身なりも目的から逆算する
惜しい人は、場違いな個性を発揮する……146
どんな仕事にも、有利な服装がある
最初はベーシックに行くのが安全

# 第5章 頭がいい人はこうしてサポートを得る

1 頭がいい人は、上司の権限、経験、人脈を頼る
惜しい人は、自分一人でやりたがる……154
大事なのはアウトプットを出すこと
「頼るべきとき」を間違えない

2 頭がいい人は、「相手のやり方」を尊重する
惜しい人は、「自分のやり方」を押しつける……160
人に「頼む」ときに考えておくこと

「やり方」は任せてしまうのがお互いにラク

3 頭がいい人は、背伸びして人脈を広げる
惜しい人は、人脈を「ずるい」と言う …… 168
人脈には、時間と手間とお金がかかっている
格上の人に認められるにはハッタリも必要

## 第6章 頭がいい人の行動の指針とは？

1 頭がいい人は、「現状打破」を訴える
惜しい人は、「現状維持」を訴える …… 176
よく批判をする人の2つのタイプ
他人と自分は考え方が違うのが大前提

2 頭がいい人は、ビジネス常識に従う
惜しい人は、自分の常識に従う …… 182
自分を貪欲に更新する
よりよい仕事のやり方を探す

3
頭がいい人は、不利な環境でも学ぶ
惜しい人は、環境に恵まれれば学ぶ……188
他人の力で成長するか、自力で成長するか
「有利な人たち」に遅れをとらないために

カバーイラスト　ユリコフカワヒロ
ブックデザイン　金澤浩二（Fukidashi Inc）

# 第1章

# 頭がいい人はゴールから考える

# ①

一見、誰でもできそうな仕事でも、頭がいい人とそれ以外の人では、すでに差がついているのが現実。考えてから動く習慣をつけよう。

頭がいい人は、
**目的から逆算して仕事をする**

惜しい人は、
**言われたことをそのままやる**

## 期待される人の仕事のやり方

職場を見渡したときに、新しいプロジェクトが立ち上がるたびにメンバーに入る人と、入らない人がいると思います。この分岐点はどこにあるのでしょうか？

上司やお客様などから重要な仕事を依頼されるときには、「この人ならこの仕事をきちんとやってくれるだろう」という期待が必ずあります。

依頼をされるということは、その人の、その仕事に対する知識や経験、納期を守るという信頼、仕事の品質といったものを認め、任せたいという思いが先方にあるということです。

頭がいい人はこうした期待を感じ取り、それにどう応えるかを考えます。

ですから、あらゆる仕事に対する取り組み姿勢が真剣ですし、結果も出す、評価も高まる、その人への期待値はさらに上がる、という成長しやすい循環が生まれます。

一方で、惜しい人はそもそも期待される機会が少ないので、意識、行動、結果、評価、すべてが停滞し、場合によってはマイナスとなります。そして、ますます重要な仕事の依頼が来なくなります。

重要な仕事を任されるためには、まず「期待される立場」にならないと話になりません。期待されるためには、依頼された仕事に対して期待を上回るアウトプットを出すことです。そのために必要なことは次の3つのステップで仕事を進めることです。

**①依頼された仕事の目的を正しく理解する**
**②「何が必要で何が必要でないか」を見極める**
**③一歩先を読んでプラスαを付加価値として加える**

これは、簡単な仕事から難しい仕事まで、あらゆる仕事に共通して使える仕事の進め方です。

## 必要なことと必要でないことを見極める

簡単な例でお話ししましょう。

## 期待される人は何が違うのか？

**期待を上回る仕事のコツ**

**①依頼された仕事の目的を正しく理解する**
→「役員会議の資料ですね」

**②「何が必要で何が必要でないか」を見極める**
→「データでいただいたほうが、見やすくなると思います」

**③一歩先を読んでプラスαを付加価値として加える**
→「ページ番号を追加しておきましょうか？」

↓

**いつも求められる以上の仕事ができる**

↓

**期待値が上がる！**

**頭がいい人は、目的から逆算してやることを決める！**

以前、同じ職場にすごく気が利く後輩がいました。

あるとき、彼女に役員会議用のプレゼン資料のコピーをお願いすることになりました。

私が「○○さん、この資料を10部コピーお願いできる？」と聞くと、彼女は資料にパラパラと目を通し、こう言ってきました。

「役員会議用の資料ですね。このままコピーすると小さい文字がつぶれるかもしれませんし、白黒コピーだったらカラーの部分が見にくいかもしれません。データでいただいて印刷したほうが見やすいと思いますので、データをいただけますか？　あと、わかりやすいようにページ番号を追加しておきましょうか」

多くの人は、コピーを依頼されたらそのままコピーをして終わりです。

それでほとんどの人は文句も言いませんし、問題も起こりません（本来は依頼する側が、そのままコピーできるように仕上げておくか、どうしてほしいのか具体的な指示を出すべきですからね）。

対照的に、頭がいい人は、依頼された仕事を理解し、適確な結果を出そうとするので、仕事の依頼者に対して確認作業をおこたらないのです。単にコピーをとることがその仕事の本質ではないことを知っているからです。

もちろん、頭がいい人が、いつもいつもこんなふうに細かな提案や質問をしてくるかというと、そうではありません。

たとえば、普段の簡単なミーティングで使う資料にそんな手間はかけませんし、一刻も早く必要なときに資料の体裁にこだわって時間を無駄にするようなこともありません。

この場合、「役員会議のための資料」という目的があったために、完成度を上げることが必要と判断したのです。

仕事は目的から逆算して、何が必要なことで何が不要なことなのかを、見極めることが大事です。そして、**求められるレベルの範囲で、周りに「おっ」と思わせる対応ができる人は、頭がいいということであり、期待値も高くなっていくのです。**

②

ビジネスで「自分ではいいと思っている」は通用しない。問題は、その時に要求されている水準をクリアできているかどうかだ。

頭がいい人は、
**求められるアウトプットを出す**

惜しい人は、
**ピントがずれている**

## なぜ、「そうじゃない」と言われてしまうのか？

仕事に対していい加減な姿勢であたる人に、誰も期待しないのは当たり前です。

しかし、決していい加減にやっているわけではないけれど、どうもピントがずれているせいでアウトプットがうまくいかない人もいます。

それは、質にこだわりすぎてアウトプットが少なかったり、精一杯速くこなそうとした結果が内容が薄くミスだらけだったり、仕事の目的を考慮せず「言われたことを言われた通りにやること」を仕事だと思っている人たちです。

**目的から逆算して仕事をするということは、顧客や上司から「何が求められていて、何が求められていないのか」を見極めることです。ここを客観的に認識できていないと、期待を下回る仕事しかできなくなってしまいます。**

頭がいい人のアウトプットには、過不足が圧倒的に少ないです。

それは、成果物において、「質」と「速さ」と「量」が、求められるレベルで均衡しているからです。

# 時と場合によって、やるべきことは変わる

アウトプットの質が、顧客や上司などに求められるレベルに達しているとは、どういうことでしょうか。

社外文書なら、正確で間違いがないことはもちろん、ビジネスマナーにのっとった恥ずかしくない体裁が整っていること。

営業なら、顧客の課題解決に役立ち、なおかつ他社に引けを取らない提案ができること。

上司に頼まれた仕事なら、上司の意図を正確に読み取り、期限までに上司が手直しをしなくていいレベルまで仕上げてもっていくこと。

少なくとも、ビジネス常識から外れていたら完全にアウトでしょう。

また、前にもいったように、時間があるならプラスαの付加価値をつけられれば、仕事の質はより高くなります（形だけ意味のないことをする必要はありません、念のため）。

## 何が求められているのか見極める

以下の３つはどれも欠かすことはできないけれど、
優先度は仕事の目的によって変わってくる

〈求められる「質」とは？〉

- **社外文書**
  正確で、ビジネスマナーにのっとった体裁を整える
- **営業**
  顧客の課題解決に役立ち、他社に引けを取らない提案
- **上司からの依頼**
  上司の意図に沿い、手直しが要らないレベル

〈求められる「速さ」とは？〉

- すべてのアウトプットを納期に間に合わせる
- 納期より前に仕上げて、見直す時間をつくる
  （速さによって質を担保する）

〈求められる「量」とは？〉

成果を出すために最低限必要なアウトプット量
（量をたくさんこなせるほうが、有利になる）

**◎惜しい人の例**

× 質ばかり重視して、量をこなせない
× 速くこなしたけれど、質が悪い

**「質」と「速さ」と「量」を
求められるバランスで均衡させる**

次に速さについて、同様のことを考えてみましょう。

「仕事が速い」とは、一つひとつのアウトプットを、求められるレベルで素早く出すことです。その上で、依頼された納期までに確実に間に合わせます。

できれば、どれも納期より前に仕上がっていると、万一修正や新たな課題が見つかった場合にそれを見直す時間的猶予を持つことができます（これは速さによって質を担保することに意味があるわけですから、速いだけで質が低いと「仕事がいい加減な人」ということになってしまいます）。

もちろん、質と速さの両立は簡単ではありません。

どちらをどの程度重視するかは、ケースバイケースです。

速さが優先される仕事もあります。「速くこなす力」があれば、時間がないなかでも最低限の質を保って成果物を出せる可能性が高まります。


最後に、顧客や上司が求めるアウトプットの「量」についてです。

どれくらい必要かというのは一概にいえませんが、成果を出すうえでは、アウトプットの量は多いほど有利です。

たとえば、営業などの仕事では、アポイントをたくさん取れる人のほうが、成約数が上がります。企画や提案などの仕事では、一つの課題に対して、3つの案を出せる人と、1つしか案を出せない人とでは、前者のほうが期待値は上がります。

アウトプットが極度に少ない人は成果につながりにくく、なかなか顧客や上司に認めてもらえません。

限られた時間で、アウトプットを一定の量出すには、「速さ」が必要です。「速さ」が足りない人は、最初のうちは時間を度外視して量をこなさないと、必要なアウトプット量を出せないということです。量をこなすことで、「スピード」がついてくるようになりますし、成果を出すために必要なアウトプット量がおおよそわかってきます。

**仕事の成果は「質」「速さ」「量」どれが欠けてもいけませんが、「目的」によって何を重視すべきかの比重は変わってきます。**このバランスをとりながら最良の結果を出せる人には、どんどん仕事の依頼が来るのです。

## 3

仕事に取りかかる前に全体像を把握する習慣をつけよう。計画を立てるために時間を使うことで、結果的に多くの無駄をなくせる。

# 頭がいい人は、「計画」と「確認」を大事にする

# 惜しい人は、やみくもな「行動」で空回りする

## 少し考えれば、誰でも予想がつく

ＰＤＣＡとは、仕事の進め方におけるマネジメントサイクルです。

計画（Ｐｌａｎ）→実行（Ｄｏ）→確認（Ｃｈｅｃｋ）→改善（Ａｃｔｉｏｎ）→計画→……（以下繰り返し）。

このサイクルを繰り返すことで、仕事を円滑に進めていくことができます。

ＰＤＣＡについては、恐らく多くの方が、新入社員研修で教わったり、上司や先輩にアドバイスされたりといった経験があるでしょう。

しかし、実践できている人はあまり多くはいません。なぜなら、時間を無駄づかいすれば、実行（Ｄ）だけでどうにかなることも多いからです。

私が見ている限り、仕事がうまくいかない人に限って「忙しいときに、いちいちＰＤＣＡなんて言ってるヒマはないよ！」と感じているようです。

しかし、忙しいからこそＰＤＣＡを行うことに意味があります。

**仕事は、まず全体像を把握することから始まります。**

求められる「質」は、仕事の目的から決まります。

「量」も仕事を引き受けた時点で決まります。

あとは**「どういう手順が必要」**で、**「どれくらいの速さでこなしていくか」**です。

これらを納期から逆算して計画（P）を立てていくわけです。

計画（P）とは、どういう手順で進めれば、効率よく、抜けや漏れがでないかを、予め確認する作業です。

手順のなかには、リスクへの対処も含まれます。

惜しい人は、この「仕事の進め方を確認する」という手間を省いていきなり取りかかるので、やることに無駄が多くなります。

たとえば、時間の感覚が希薄になって「試しに自分でやってみるべきか、今すぐ上司に相談するべきか」などという判断もできず、終盤になって「そういえばこれをやっていなかった」と気づいてパニックになったりします。

一度立ち止まって考えれば誰でも予想できることを、まったく予想せずにやるのが惜

## PDCAで無駄をなくす

**「質」……目的から決まる**
**「量」……引き受けた時点で決まる**

⬇

### まず、大事なのはP

計画（P）とは、どういう手順で進めれば、効率よく、抜けや漏れが出ないかを、予め確認する作業。

納期から逆算して、**「手順」**と**「速さ」**を決める

### 次にD

計画（P）が決まったら、実行（D）していく。
この、実行（D）からいきなり始めてしまうと無駄が多くなる。要注意！

### 最後にCとA

頭がいい人が大事にしているのが確認（C）。
確認したからといって済んだことは変えられないが、次回、改善（A）に役立つ。
**経験を財産に変える**ために欠かせないフェーズ

**仕事は、まず「仕事の進め方」を確認してから始める**

しい人です。

職場の人たちは仕事が終わらないと困りますから、手を貸してくれるかもしれません。本人は「終わりよければすべてよし」なのでしょうが、そのプロセスに携わっている人たちからの期待値はぐんぐん下がっていくのです。

## 目先の効率に縛られすぎない

さて、その後残っているのは、確認（C）と改善（A）です。

PDCAのなかでも、終わった仕事を改めて見直す、確認（C）と改善（A）はとくにおろそかにされがちです。終わったことには興味を失い、次に行きたがるのが普通の人の心理でしょう。

しかし、頭がいい人は、確実にこれを行っています。なぜなら、そこでさまざまなノウハウを拾い上げることができるからです。

確認（C）とは、「計画通りに進めることはできたか？」「もっといいやり方はなかったか？」「うまくいかなかったとすれば、原因は何か？」というように、自分の仕事のやり方を振り返ることです。

そして、そこでの学びを次の仕事に生かしていくことが、改善（A）です。

確認（C）自体が済んだ仕事の結果を変えることはないので、確認（C）に時間をかけることで、一時的に効率を落とすのを嫌がる人もいます。

しかし、それを投資と考えるのが頭がいい人です。

**効率は大事ですが、目先のことばかり考えて仕事をしていては、いつまで経っても期待される立場にはなれません。**

働いている以上、みんなそれぞれに経験を積んでいます。その経験を確実に財産に変えていくことが、自分の価値を上げることにつながるのです。

# 4

「今こういう状況なんですが……」と言っても、人は動かない。まずは「目的」「具体的な行動」「詳細」「動機づけ」の4つの情報を伝えること。

# 頭がいい人は、人が動きやすい環境を整える

# 惜しい人は、人に丸投げして警戒される

## 人に動いてもらうための4つの情報

仕事がうまくいかない人の傾向として、「なかなか人に動いてもらえない」ということがあります。

社内に通知したのに反応がない。上司に報告したのに次の指示がない。後輩に伝えたのに理解してもらえない。お客様に何度説明しても難しい顔をされる……。

なぜこんなことになるのかというと、相手にとって動く理由がないから、ひどい場合には動くことで厄介なことになりそうな予感があるからです。

人に動いてもらうには、伝え方にいくつかポイントがあるのです。

まず、**相手に動いてもらう「目的」を明確にしておくこと**です。

「何のために」がわかっているのと、わからないのとでは、行動へのモチベーションがまったく違ってきます。

たとえば、今まで職場で使ったことも聞いたこともない資材について、脈絡もなく

「○○を500万円分発注してください」と言われても、ほとんどの人は不安になるでしょう。

頼む側は自分は理解できているため、説明がおろそかになりがちです。しかし、実際に行動するほうにも、判断の材料は必要なのです。

次に、**具体的に「行動」を指図すること**です。

人に動いてもらえない人の伝え方は「報告」レベルに留まっていることがあります。

上司に対してなら「○○社の商談が厳しそうです」ではなく「○○社の商談が厳しそうなので、明日相談に乗っていただけませんか」。

後輩に対してなら「君の経費の精算が遅いって経理部が文句を言ってたよ」ではなく「今すぐ処理できないなら、ひと言経理部に連絡を入れておいて」。

相手にとって、やらなくても不都合が少ないことに関しては、自ら察して動いてくれることは期待しないほうがいいです。

人は、ごく簡単なことであっても「何をやればいいのか」を考えるのは面倒に感じるのです。

## 人に動いてもらうための情報

**相手にとって、やらなくても不都合が少ないことは、自ら察して動いてくれることは期待できない！**

↓

曖昧な言い方をしないで、
具体的な情報を渡す必要がある

**この4つを具体的に伝える**

**①目的**
→実際に行動する人に、判断の材料を与える

**②具体的な行動**
→「○○してください」と具体的に伝える

**③詳細**
→日時、特殊事情、リスク対処法など

**④動機づけ**
→行動する人のメリット、誰の役に立つかなど

**相手に「気持ちよく動いてもらうにはどうしたらいいか」を考える**

だから「○○してください」と行動レベルで伝えると効果がぐんと高くなります。

さらに、**日時や場所といった情報、特殊事情がある場合は、その詳細も伝えておかなくてはいけません。**

「もしAがダメだったらBでお願いします」というように、リスクに備えた次善の策を用意しておかないと、二度手間、三度手間をかけさせてしまうこともあります。

人に動いてもらえない人はこういった段取りが下手だったり、そもそも相手に丸投げしようとする傾向があるので、周りの人はなるべく関わるまいとするのです。

そして最後ですが、相手に何らかの行動を求める場合、**「その行動でどんなメリットが生じるか」**を説明しておく必要があります。

人に行動してもらうからには、無駄骨を折らせることは避けるべきです。

相手にとって目新しい経験なら、その行動自体にメリットを感じてもらえるかもしれません。そうでなければ、「何の（誰の）役に立つのか」という行動の意味を伝えるくらいの配慮をしておくと、やる気になってもらいやすいです。

## 日ごろの取り組み姿勢が影響する

これらのコツを頭にいれておくと、ぐんと人に動いてもらいやすくなります。

実際、**頭がいい人は、「人に気持ちよく動いてもらうにはどうしたらいいか」という視点を常に持っているので、伝えてくる内容に隙がありません。**

ただし、人が動いてくれるかどうかには、その人が日ごろ、仕事にどういう取り組み方をしているかも深く関わっています。

いい加減な人にはいい加減な反応しか返ってきませんし、頑張っている人には真剣な対応が返ってきやすいでしょう。

仕事はひとりでやっているわけではありませんから、スキルと姿勢の両方が問われるのです。

5

「頭のなかで考えたこと」は、基本的には自分で実行してみる。行動した実績こそが説得力を持つ。

# 頭がいい人は、自分で考えて実行する

# 惜しい人は、机上の空論を人に押しつける

# 「要求するだけの人」は結果を出せない

頭がいい人は、人にあれこれ言う前に自分が行動を起こします。自分でやってみるのはもちろん、人に話を聞いたり、資料をあたったり、その過程でどんどん力をつけていきます。

一方、職場には、周りをイラっとさせるタイプの人もいます。何かをしたとか、されたとかではなく、日常の言動の積み重ねによって周囲から白い目で見られているような人です。

そのなかで目立つのが、「言うことは立派で、行動が伴わない人」です（たまに「何も意見がなく、何も行動しない」タイプもいます。こちらはそれほど目立たないです）。

これは仕事がうまくいかない人の典型で、こういうタイプに関わると面倒ですし、自分の負担が大きくなるので、誰も近寄りません。

次の3つのタイプに当てはまっている人に心当たりはないでしょうか。

## ①理論や理屈を振りかざす人

「理論や理屈ばかりこねる人」は、職場では嫌われます。

仕事がうまくはかどらない人に対して、「ああすればできるのに、そんなこともわからないの？」「言われた通りにやってないからできないのでは？」などと言う人がいます。

そういう人に「じゃあ、あなたがやってみてよ」と言うと、まったく歯が立たずに、肩身を狭くするということが起こります。

理屈は大事ですが、実際に理屈が通じるかは行動してみないとわかりません。行動していない人が行動している人にモノを言うときは、慎重になるべきです。

## ②言っていることとやっていることに一貫性がない人

「『やります！』と言ってやらない人」「『ルールは守るように！』と言いながら、自分は違反する人」「『事業環境が厳しいから』と言いながら、交際費をジャブジャブ使っている人」「『責任は俺が取るから』と言っておいて、いざとなったら逃げる人」……。

## 「口だけの人」になっていませんか？

**こういう人になってはいけない！**

①理論や理屈を振りかざす人

②言っていることとやっていることに一貫性がない人

③「私決める人、あなたやる人」というスタンスの人

↓

**人に要求するだけで、
自分では何も生み出せないので
周りの協力を得られなくなる**

**アウトプットを出す基本は、
「自分で考え、自分で行動する」こと**

このような口先だけの人は、誰からも信頼されません。

**③「私決める人、あなたやる人」というスタンスの人**

管理職の場合はそれが役割となりますが、そうでない場合は注意が必要です。

「これはこうだからこうするべきだ。はい、じゃぁ、あとよろしく」

こんな調子で自分では何もしない人は、当然周りからの協力を得られません。

## コツも大事、経験量はもっと大事

この3つのタイプに共通するのは、自分が動かないだけではなく、間接的に「人に要求している」ことです。

①の場合、「ああすればできるのに」は、「ああしなさい」という意味でしょう。

②は状況にもよりますが、「やります！」が、「あなたたちもやりなさい」もしくは「やる私を評価しなさい」というふうに、周りにプレッシャーをかけている可能性があります。

③はそのままですね。

こういう人たちは、権限がないので直接的に指示を出したりはしませんが、自分が責任を負わなくていいような形で巧妙に人を操作しようとします。

しかし、自分自身でアウトプットを出すことはできません。

仕事をミスなく速くこなせるようになるには、もちろんコツもありますが、最終的には経験量がものを言うところが大きいです。とくに「速さ」については、自分一人の力では限界があり、周りとの関係をいかに築けるかにもかかってきます。

本書では、この両面から、速く正確に仕事をしていくやり方を、具体的に述べていきます。

では、早速、第2章から具体的なノウハウに入っていきましょう。

# 第2章

# 頭がいい人は、なぜ効率がいいのか？

①

仕事は自分本位にならないことが大切。「報連相」をはじめとする情報伝達は、自分以外の人にとっても有益になるように心がけたい。

頭がいい人は、
**上司が安心する「報連相」をする**

惜しい人は、
**自分に都合良く「報連相」をする**

## 「上司が知りたいこと」を知らせるのが基本

報連相とは「報告」「連絡」「相談」の頭文字をとったものです。

特に部下から上司へのコミュニケーション手段の基本として新入社員研修でも必ず出てくるものです。

頭がいい人は、この報連相のタイミングを心得ています。そして、報連相によって「上司を安心させる」ことができているのです。

上司の目線に立って、上司が何を知りたいかを考えて、伝えることができています。

惜しい人は、報連相は自分のためだと思っています。

自分が困ったときに助けてもらいたがったり、自分が仕事を完了できたときに褒めてもらおうとして、報連相を行います。

それ以外のときの情報伝達が甘くなりがちなので、上司をヤキモキさせて、「いつになったら報告するんだ！」と注意を受けたりすることがあるのです。

部下の場合、自分に任された仕事を適切に完了させることが目的なので、自分で解決できないトラブルが起きない限りは、上司に報告しなくても滞りなく進むことが多いでしょう。

しかし、上司は組織の成果を最大化することが目的なので、誰がいつ何をしていて、仕事の進捗がどうなっているかを知っている必要があるのです。

上司にとって部下を支援することは仕事の一つです。

ですから、報連相は基本的に「上司のため」に行うものと考えたほうが、全体から見たときの仕事の精度は上がります。

## 問題の有無に関わらず「その都度」伝える

では、頭がいい人は、どういうときに報連相を行うのでしょうか。

**「経過は随時、結果はすぐ」**が鉄則です。

要するに、経過も結果もちょくちょく早めに知らせなさいということです。

ですから、問題が起きても起きていなくても、仕事の区切りや、何か変化があった場

## 「報連相」の配慮とは？

### 「経過は随時、結果はすぐ」が原則

【報告】 指示命令に対して状況や結果を伝えること。義務に近い
【連絡】 必要な情報を必要な人に共有すること
【相談】 問題や提案に対して指示や助言、判断を仰ぐこと

**上司に負担をかけない伝え方**

・５Ｗ１Ｈで漏れがないように伝える
・結論を先に伝える
・悪いことほど先に伝える
・一報は口頭で、記録として文書やメールで
・伝える情報を精査する
・タイミングを見計らって伝える
・誤解のないよう、論理的に伝える
・指示やアドバイスをもらいたいときは論点を整理する
・提案を認めてもらいたいときは目的と効果を明確にする

**報連相は、自分のためだけでなく、「上司のため」でもある！**

合には、その都度上司に伝えておきます。

問題が起きたときには、誰でもいち早く上司に報告・連絡・相談するでしょう。

しかし、「問題が起きていない」「スケジュール通りに進んでいる」ということも、上司にとっては大事な情報です。

なぜなら、上司は複数の案件や部下を抱えており、滞っている仕事を優先的に見ていかなければならないからです。

「こちらは順調に進んでいます」という情報が部下から得られれば、上司は自分の注意力や労力を、それ以外のところに高い比重で振り分けることができるのです。

なお、上司に伝える際、情報量が多い場合には、口頭だけではなく、メールや文書などで詳細がわかるようにしておきます。込み入った状況の場合は、最終的な判断は上司が行うので、その材料を漏れなく提供しておくことが重要です。

私は、報告・連絡・相談を次のように定義し、使い分けています。
「報告」……指示命令に対して状況や結果を伝えることであり、義務に近い
「連絡」……必要な情報を必要な人に共有すること

「相談」……問題に対し、指示や助言を仰いだり、提案に対して判断を仰ぐこと

上司に情報を伝える例でイメージすると、次のようになります。

〈営業先からの帰社途中に電話をかける〉
「●●社の訪問が今終わりました。先方の●●部長から多くの要望が寄せられ、帰り次第相談させてください」**（報告）**
「帰社時間は16時半予定です。もしも、17時のミーティングに間に合わない場合は、先に進めていただくよう、●●部長にお伝え願います」**（連絡）**
〈帰社後〉
「先方の要望についてご相談なのですが……」**（相談）**

報連相は、上司の目線に合わせて効率よく行う必要があります。
それは、上司の役割である組織の成果の最大化へとつながり、報連相ができる人ほど成果に対する貢献度が高いと評価されるのです。

②

「仕事は優先順位が大事」と言われるが、すぐ終わることはその場で片づけるのがベスト。「どうしたらその場で終わるか」を考えよう。

頭がいい人は、
**なるべくその場で終わらせる**

惜しい人は、
**後で落ち着いてやろうとする**

# メールは読んだときに処理する

頭がいい人は、「仕事をいかにこなしていくか」という観点で、常に考えています。

たとえば、仕事のなかには、**「その場で終わる仕事」**というものがあります。

その最たるものがメールです。

たくさんのメールが来ていたとき、「まず全部のメールに目を通してから、優先順位の高いものから返信しよう」と考えていると、大変な時間がかかります。

頭がいい人は、すぐに返信すれば完了できるメールには、その場で返信をします。

重要度の低い用件でも、いずれ返信が必要なら、その場で終わらせたほうが効率はいいです。事務的なことなら、1件あたりかかっても数分です。

後で返信する場合は、またそのメールを読むことになるため、無駄に時間がかかってしまうのです。

これは、「無駄に仕事をためない」ことにもつながります。

結果的に相手からは「レスポンスの良い人」という評価も得られますし、できる人として信頼もされやすくなります。

メールという、誰もが使っているツールで「返信が早い」というのは、相手によい意味でのインパクトを与えることにつながるのです。

これは第1章で述べた「期待される人」の特徴にも近いですね。

一方で、惜しい人は「全部読んで緊急のものから片づけなくては」という思いが先行するので、つい返信が後回しになってしまいます。

仕事もたまるし、ひどい場合には返信することすら忘れてしまったりするので、重々注意が必要です。

## 言いにくいことは直接話すほうが早い

その場で片づける仕事のなかには、**「厄介だけど後回しにはできない仕事」**もあります。

たとえば、

「苦情を言わなければならない」

## 優先順位をつけるまでもないこと

### そのときにできることは、その場で終わらせる

・すぐ片づくメールは、その場で返信する
・ついでにできることは、ついでにやる

⇩

**◎無駄に仕事をためずに済む**
**◎やることを忘れずに済む**

### 要求やクレームを伝えるにはメールより電話のほうが早い！

**【電話のメリット】**
・話が一気に進むので、その場で片づきやすい
（メールは言葉を選ぶし、やりとりも増える）
・相手に気持ちが伝わりやすい

ただし、相手の人柄がわかっている場合、
相手と話し合いが成立しやすいツールを選ぶ

**「その場で片づける」習慣で、**
**スピードが上がり、信頼も得やすくなる**

「相手に難しい要求をしなければならない」

といった場面では、考え込んでしまうと、ずるずると時間が過ぎていってしまいます。

こういうとき、**頭がいい人はまず電話をする傾向があります。**

電話だと相手の反論もダイレクトに返ってきますし、レスポンスもその場でもらえるので、話が早いからでしょう。多少言いづらいことであっても、電話なら感情も伝わるので、相手の気持ちに訴えやすくなります。

記録として残すことが重要なら、話し合った内容を追ってメールで送っておけばいいのです。

一方、惜しい人は、「言いにくいことはまずメールで……」という発想をしがちです。

気持ちはよくわかりますが、**メールは言いづらいことほど言葉を選びながら慎重に書くことになるため、どうしても時間がかかりがちです。**

それに、相手がすぐに見るとは限らず、出張でもしていたら数日あっという間に過ぎてしまいます。もし、相手の反論がメールで返ってきたりしたら、さらに時間がかかって泥仕合ということにもなりかねません。

直接話をするか、メールを使うかというのは、もちろんケースバイケースです。メールなら失言で先方を怒らせるというリスクは減らせます。しかし、スピードという意味では、多くの場合、直接話すほうが圧倒的に有利なのです。

なお、メール上では頑固だった相手が、電話をしてみると普通に落ち着いているというのはよくあることです（その逆もあります）。

**ツールが変われば人格も変わるという人もたまにいます**ので、相手の人柄がわかっているなら、相手が好むコミュニケーション手段を使うことをお勧めします。

効率よく仕事をするうえで、「その場で終わらせる」ということはとても重要です。

頭がいい人は、こうして手持ちの仕事の数を減らしていくことで、他の仕事により多くの集中力を振り分けていくのです。

③

「5分で終わる仕事」がいつもあるわけではない。しかし、5分で終わらない仕事を、少しでも先に進めることはできる。

# 頭がいい人は、**途中から途中までやる**

# 惜しい人は、**一気にやろうとする**

## すぐに着手してしまえ！

頭がいい人は、「時は有限」「時は金なり」という思想を持っています。

ですので、わずかな空き時間や、すきまの時間を無駄にしません。

5分の時間があれば、ササっと一仕事片づけてしまうのです。

「5分でできるような仕事が、いつもあるわけではないよ」と思う人もいるでしょう。

でも、そういう人は、「時間がかかる仕事は、まとまった時間がないとできない」という先入観があるのではないでしょうか。

その考え方では、「時間がかかる仕事」にはなかなか取りかかれないので、どんどん先延ばしになってしまいます。

頭がいい人は、どんな仕事にも着手が早いです。

手をつけてしまえば、その仕事への心理的な不安や抵抗が減ることを経験的に知っているからです。

まず、**計画を立てるときには、「時間のかかることから先に予定を組む」のが大原則です。**時間がかからないことは、残りの時間で行なうようにスケジューリングします（もちろん、納期を考慮したうえでの話です）。

この予定通りに仕事を進められれば、時間がかかる仕事を、まとまった時間でやりやすくなります。

ただ、実際にはどんどん別の仕事が割り込んできたり、予想外のやり直しを命じられたりして、なかなかスケジュール通りにはいきません。

そこでカギになるのが、**「仕事の細分化」**です。

時間のかかる仕事を細かく見ていくと、どこかに区切りがあったり、いくつかの作業の集合体だったりするものです。

頭がいい人は、仕事を、区切りごと、作業ごとに分解してしまいます。

そうすると、一つひとつの作業は短時間で完結させることができます。

あとは分解した作業を整理して、先にやらないといけないことから進めるだけです。

## 仕事をどんどんこなすステップ

「まとまった時間」でやろうとすると、
いつまでも着手できないことが多い

↓

**①時間のかかることから予定を組む。**
**短時間でできることは残りの時間でやる**

↓

**②時間のかかる仕事を細分化して、**
**それぞれ、すきま時間でできるようにする**

↓

**③切りが悪い仕事の仕方に慣れる。**
**5分しかなくても、途中から始めて**
**途中まで進めることは可能**

**着手してしまえば、細切れ時間でも**
**仕事を進めていける！**

## 「半端な進め方」に効果がある

しかし、これでもまだ、「区切りごと」「作業ごと」にこだわっているので、5分しかないときには厳しいかもしれません。

そこで頭がいい人がどうするかというと、限られた時間のなかで、「途中から始めて途中まででやめる」という仕事の仕方をするのです。

たとえば、**企画書を1文だけ書く、見積もり書に商品名を書き込む、資料を少し読み進める、計算式をつくろうとする……**。

このように、「たったそれだけなら、今やらなくても同じでは？」と思うようなことを、すきま時間ごとに行うのです。

もちろん、この場合も、区切りや作業ごとに仕事を細分化する作業は、マイルストーンとして必須です。

ですが、頭がいい人は、「区切りごと、作業ごとに、作業を完結させる」という発想とは別に、「この数分で、ちょっとだけ先に進んでおく」という感覚も持ち合わせています。

惜しい人は、こういう中途半端な仕事の進め方にはやる気がわきにくく、無駄だと感じやすいです。しかし、実際にやってみると、「速さ」も「量」もかなり改善されていきます。

紙やデータ上で計画を立てるときは、ごく短時間のすきま時間が出ることなど想定はできません。したがって、かなり切りがいい時間配分になってしまうと思います。

しかし、現実の仕事では時間がずれることなどしょっちゅうです。

ちょっとあいた時間くらい、忙しくなければ休憩にあててもかまわないと思います。

しかし、とくにたくさんの案件を抱えているような場合には、一つの仕事だけにじっくり向かい合って進めていくのは困難です。

「半端な時間」「半端な仕事の仕方」に慣れて、活用していくこともスキルとしては重要なことです。

④

実際に相手に見せる資料と、自分が持っている情報量は別物。提出資料は少なくしつつも、質問に的確に応えられる準備は必須。

# 頭がいい人は、**資料は薄く、手元の情報は厚い**

# 惜しい人は、**資料にすべての情報を書く**

# 説明が長すぎて、話し合いができない！

ある一定量の提案書や企画書を見てその善し悪しを判断していると、そのうち、資料を一目見れば、つくった人の能力がなんとなくわかるようになります。

たとえば、企画書や提案書をつくるときに、必要以上に資料が多い人がいます。わかりやすくしようとして、あれもこれもと入れてしまうのでしょう。業界の慣習や提出先によっても違うのでしょうが、数十ページの大作になってしまっては、見るほうは大変です。

以前、私が人材育成の仕事をしていたときは、多くの教育団体の営業の方から「当社の研修を導入しませんか？」と営業をされる側でした。

専門家に研修をお願いする必要があるときは、さまざまな教育団体やプロ講師に声をかけると、企画書を持ってきてくれます（このあたりのやり取りは一般的な営業と変わりませんので、なんとなくイメージできるのではないかと思います）。

その際、分量の多い企画書を持ってこられる方もいれば、一枚しかない方もいます。**分量の多い企画書を持ってこられた場合、打ち合わせの時間の大半は資料の説明に終始します。**

こちらの意見や要望を言う時間が限られますし、ディスカッションもできません。結論が出せず、お互いに宿題を持ち帰り、次回の打ち合わせの約束をして終了ということが多くなります。

一方で、**一枚しかない企画書を持ってくる方の説明は簡潔です。結論が明確で、こちらが押さえるべきポイントを明示してくれるので、非常にわかりやすいです。**意見や要望を伝える時間も十分とれるため、ディスカッションも有意義にできます。多くの場合、結論もその場で出ます。資料が必要になれば、別途メールで送ってもらって終わりです。

私は、こういう営業の提案だけではなく、会議についても、資料の分量が、かかる時間を左右していると感じています。関係者全員が、効率よく仕事を進めるための第一歩は、資料のシンプル化なのです。

## 資料を少なくするには技術がいる

資料をたくさん持っていって、
相手に意図をくみ取らせようとすると、
商談、打ち合わせ、会議が長引いてしまう

↓

**〈短時間で伝わる資料の特徴〉**

- 目的が明確でぶれていない
- 必要な情報が漏れなくダブりなくある
- 文章はわかりやすく簡潔である
- 複雑なことは図表化、チャート化している

↓

**分量を少なくまとめられる！**

実際に説明にいくときは、
提出資料は少なくても
自分用の手元の資料は用意していくと安心

**資料が少ないと、説明の時間が減り、
話し合いの時間を多く取れる**

# ポイントを伝えて、あとは質問に答えていく

資料をつくるのが下手な人は、膨大な情報をそのまま持ってきて、そのなかから相手に必要なことをくみ取らせようとします。

それでは内容の理解に時間がかかってしまい、下手するとお互いの理解がズレてしまうこともあります。

しかし、頭がいい人は、予め情報を整理してくれていますし、要点を絞り込んで、抽象化・概念化してくれるので、こちらは一瞬で理解できるのです。

頭がいい人がつくってくる資料には、次のような特徴があります。

- **目的が明確でぶれていないこと**
- **必要な情報が漏れなくダブりなくあること**
- **文章はわかりやすく簡潔であること**
- **複雑なことは図表化、チャート化し、理解しやすくしていること**

もちろん、資料一枚で客先に行ったり、上司へ説明したり、プレゼンテーションをしたりするのは不安です。

そのため、**頭がいい人は、手元には必要な資料を揃えてきています。相手から質問を受けた際に、根拠をもって即答するためです。**

これで相手は安心も納得もしますし、その用意周到さに感心してくれます。

説明には幹と枝がありますが、枝の内容を事細かに把握しておくのは、自分だけでいいのです。そうでないと、話を聴く側に、無駄に負担を強いることになります。

資料は簡潔に、手元の情報は豊富に。これが頭がいい人の資料作成の方法です。

5

情報の共有は大事だが、やり方によって全体の効率が上がりも下がりもする。「速さ」「要約」「詳細情報」など、状況に応じた付加価値が必要なことも。

# 頭がいい人は、情報をわかりやすく共有する

# 惜しい人は、情報を右から左に共有する

## 情報共有のやり方で、職場の効率が変わる

あらゆる仕事に共通することですが、情報の共有というのは非常に大事です。

「取引先との契約変更が共有されず、誤った納品や支払いがされてしまった」

「業務プロセスの変更情報が共有されておらず、仕事が二度手間になってしまった」

「業務分担が共有されていないことによって、電話のたらい回しが起きた」

など、職場ではさまざまな問題が情報共有不足によって発生します。

情報共有をきちんとすることで、問題を解決したり、未然に防いだり、仕事の効率を飛躍的に上げることが可能なのです。


ただし、情報はただ共有すればよいのかというとそうではありません。

どんな人でも、習慣化されていることなら最低限の情報共有はできるものです。

惜しい人と頭がいい人の違いは、「どのように共有したらいいか」を立ち止まって考えられるかどうかです。

これが、職場全体の効率に影響することがあるのです。

たとえば、人事という仕事では、法律の改正について常に最新の情報を把握している必要があります。そうでないと、対応が間に合わずに法律違反が起こりえるためです。

こういうことは、他の職場や部署でも似たようなことがあるでしょう。

以前、ある若手社員がこの法律改正の詳細が記された情報をいち早く入手したことがありました。「いち早く」入手すること自体は、一定以上の能力がある社員の特徴です。

そして、この若手社員は、さらに「いち早く」関係者に情報共有しようと考え、人事部内の関係者にメールに添付して送信しました。

しかし、受け取った上司や同僚からは不満が出ました。

その資料は、法律改正に関する詳細が記されていたため、目を通すだけでもかなりの時間がかかり、内容を素早く把握するには大変わかりにくかったのです。

私も含め、転送された人たち全員が、そのメールを受け取って内容を確認するのに非常に多くの時間を費やしました。

そのうえ、それぞれが対応策を個別に考えたりしたため、結果的に業務の重複が起こ

## 情報共有のポイント

### どんなふうに情報を共有するか？

入手した情報をそのまま転送する

↓

受け取った人は一通り読んで理解する必要がある

↓

職場全体の効率が下がる

入手した情報をポイントを要約して転送する

↓

ポイントがすぐわかり、情報がすぐに共有される

↓

職場全体の効率がいい

※どうすべきか判断がつかないときは、上司に判断してもらう。
ポイントをまとめたうえで、元のデータもつければ、
気になる人は、各自突き合わせを行うことができる

**情報をそのまま転送するか、
加工するかの判断にも処理能力が現れる**

ってしまったのです。

## 重要なのは「速さ」だけではない！

私はその若手社員に次のようなことを伝えました。

- **入手した情報をただ転送するだけでは非効率であること**
- **情報を入手した人がポイントを要約して共有したらみんなが助かること**
- **仕事のアウトプットは付加価値をつけてインプット以上のものを出すこと**

本当は、この若手社員も、これくらいのことはわかっていたのかもしれません。難解な法律用語を理解したうえで要点をまとめるのは大変ですから、その手間を自分で引き受けるのを避けた可能性もあります。

しかし、現代の高度情報化社会においては、重要な情報を取捨選択していくことも求められます。

期待に沿ったアウトプットが出せるかどうかは、その重要性に気づくかどうかにも現れるのです。自分で判断できない場合は、上司なりに相談してみるといいでしょう。

いずれにせよ、情報共有とは、複数の人たちの仕事の効率と利便性アップのために行うことなので、その視点が抜けているとうまくいきません。

もちろん仕事には「速さ」が求められますが、求められているのは「速さ」だけではないのです。

頭がいい人は一度立ち止まって、「速さ」と「それ以外の要素」を比較し、最良の情報共有の手順を考えます。

惜しい人はこれをおこたって情報共有を行うことで、自分の効率は上がりますが、全体の効率を落としてしまうのです。

⑥

一番大事なのは、本来の自分の仕事を完了させること。緊急で頼まれた仕事と重なったときは、そのまま引き受けないで話し合う場を持とう。

# 頭がいい人は、本来の「重要な仕事」が優先

# 惜しい人は、頼まれた「緊急な仕事」が優先

## まず、相手と話し合って日程調整をする

複数の仕事を抱えているときには、どういう順番で片づけていくか、優先順位をつけなければなりません。

頭がいい人と惜しい人では、この「優先順位」のつけ方も違っています。

誰かに「緊急な仕事だから、早く仕上げてください」と仕事を依頼されたとします。しかし、あなたは、本来やるべき「重要な仕事」に着手しようとしているところです。このとき、急に依頼された「緊急な仕事」と、「重要な仕事」の、どちらを優先しますか？

研修などで、こういう質問をすると、多くの人が「緊急の仕事」と言います。緊急と言われると、誰でも「すぐにやらねばならない」という心理が働き、やらないと落ち着かなくなってしまうのです。

しかし、「緊急の仕事」と言われた場合には、注意が必要です。

「緊急の仕事」を優先することは必ずしも間違いではありませんが、依頼している人はできるだけ早く成果物がほしいので、緊急でなくても緊急といってくるケースが多いのです。

それを確かめないと、自分にとって「重要な仕事」を後回しにすることになってしまいます。

「重要な仕事」は、周囲の関係者を巻き込む必要があったり、上司の決裁が必要であったり、自分ひとりだけでは思うように進められないことが多いものです。

当然時間もかかりますので、後回しにすればするほど自分が苦しくなっていきます。

場合によっては納期に間に合わなかったり、間に合わせるために仕事の品質を落とさざるをえないということも起こりえます。

頭がいい人は、こういうことがわかっているので、依頼者の言う「緊急」を鵜呑みにはしません。

基本的には本来やるべき「重要な仕事」を優先することを考えます。

## 優先順位で迷ったときの考え方

一度立ち止まって冷静に考えることが大切

### ◎自分の仕事もあるのに、人に依頼されたら？

| 頭がいい人は | 惜しい人は |
| --- | --- |
| **本来やるべき「重要な仕事」**を優先する | **人に依頼された「緊急の仕事」**を優先する |

まず確認すべきは、本当に「緊急」なのか。
納期を先延ばしできないか尋ねてみる

### ◎同じくらい重要な仕事だったら？

| 頭がいい人は | 惜しい人は |
| --- | --- |
| **早く片づく仕事**を優先する | **時間がかかる仕事**を優先する |

**「緊急かどうか」は、詳しい話を聞いてから判断する**

ただし、依頼者が「緊急」と思って持ってくる依頼が、本当に緊急のこともありますから、最初から自分本位の態度を取るべきではありません。

話し合いの場をもってお互いに調整すれば、場合によっては依頼者が「明日まで」と言っていた納期を「来週まで」に変更する可能性もあります。

それでも調整が不可能なのであれば、依頼者が言うように、それは本当に「緊急な仕事」です。

## 迷うときは、すぐ片づくほうを優先に

では、「本当に緊急な仕事」と「重要な仕事」では、どのように優先順位をつけるでしょうか?

その場合の判断基準は「時間」です。

「短時間で片づく仕事」なのか「時間のかかる仕事」なのかで考えます。

この質問を行うと、頭がいい人は「短時間で片づく仕事」と答える人が多く、惜しい人は「時間のかかる仕事」と答える人が多いです。

仕事にかかる時間はトータルすれば同じですから、どちらを先にしても大して違いはないように感じます。しいて言えば、時間がかかる仕事を先に済ませたほうが、精神的にラクだと感じる人が多いということでしょうか。

66ページで述べた通り、時間があって計画を立てる段階にあるなら、「時間のかかる仕事」に優先的に時間を割り振っていくほうがいいです。

しかし、緊急のときは「短時間で片づく仕事」を先にやったほうがいいです。

なぜなら、仕事には必ず相手がいるからです。

**ひとつの仕事が終わるまでは、相手から督促がきたり、問い合わせがきたり、その中でついつい雑談をしたりと、実質的な仕事以外のことにも時間がかかってしまいます。**

こういった非生産的なコミュニケーションにかかる時間は、それぞれの仕事に対して発生します。

ですから、すぐに片づく仕事を完了させ、受け持っている仕事の数自体を減らしたほうが、仕事の効率は上がるのです。

# 第3章

# 頭がいい人のミス回避法&お詫び術

①

メモは、新たな知識の習得だけではなく、「仕事を確実に遂行する」ために行うもの。
簡単なことでも、忘れないために書いておくことは重要。

頭がいい人は、
**大事なことをメモに書く**

惜しい人は、
**知らないことをメモに書く**

## 忘れ物をする、段取りを間違える……

ミスを防止するにはメモを取ることが欠かせません。

私自身は、いろいろな仕事をいきなりすべて覚えることが難しかったため、新入社員だったころから自然にメモを取ることが習慣化されていました。

ですから、新入社員教育を担当することになったときに驚いたことが、こちらの指示に対してメモを取る人と、取らない人がいることでした。

「なぜこの新入社員はメモを取らないんだろう？」

そんな疑問を持ちつつも、きちんとやるべきことをやるのであれば、細かいことまで口を出すのはやめようと思い、最初は注意もしませんでした。

ところがメモを取る人と取らない人で差が出てきました。メモを取らない人は、忘れ物をしたり、段取りを間違えたり、効率が悪かったりということが、メモを取る人にくらべてずっと多いのです。

**メモを取らない人の問題点は、聞いたその場で覚えた気になって、自分で何でもわかったものと思い込んでしまうことです。**

新入社員向けの指導ですから、こちらが指示することやルールの説明などは、決して難しいことではありません。その場で聞けば誰でも理解できることなので、メモを取る必要を感じないのでしょう。

これは仕事がうまくいかない人の典型的なパターンで、結果を見てみれば簡単なことさえミスをしてしまうことが多いのです。

これは、いろんな職場で同様なことが言えます。

上司の指示を聞いてわかっていたつもりが、報告に行くと認識の違いがあったり、聞き漏らしがあったり、忘れていたり……。

## 頭がいい人は「メモを取る基準」が違う

実のところ、メモを取るか取らないかは、人によって基準があります。

人はどんなときにメモを取って、どんなときに取らないのか?

## メモを取ることを習慣づける

知っていることをメモするのは
バカらしいと思っている

**〈ミスをする人の思考〉**

- そもそもメモをしない
- その場で理解できることはメモしない
- 知らないことや初めて聞くことはメモする

↓

**忘れ物**や**うっかりミス**など、
当たり前にできるはずのことでミスをしてしまう！

**〈ミスをしない人の思考〉**

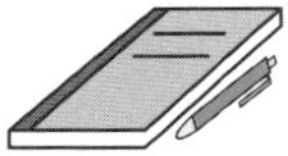

その場で理解できることも、
知っていることも、重要ならメモを取る

→ここに、**「復唱」**と**「確認」**を加えるとより確実になる

**人の記憶はあてにならないので、
万全を尽くそう**

**惜しい人のメモを取る基準は、「そのことを知っているか、知らないか」です。**

知らないことや初めて聞くことはメモを取ります。

知っていることは当たり前すぎて、いちいちメモするのはバカらしいと感じてしまうようです。

だから、その当たり前のことでミスをしてしまうのです。

一方で**頭がいい人のメモを取る基準は「そのことが重要であるか、ないか」です。**

たとえ知っていることでも、重要なことは決して忘れないようにメモをするため、ミスがありません。

人の記憶はあてにならないものです。仕事を確実にこなすために、万全を尽くすのが頭がいい人です。

それから私は、新入社員にはきちんとメモを取ることを指導するようにしました。

一人ひとりにノートを配り、メモを取る環境を整え、必要なときに「ここは重要です」などと強調しながら説明をするようにしました。

すると今までメモを取らなかった新入社員もメモを取るようになり、忘れ物や、うっかりミスなどが劇的に改善されたのです。

また、指示を受けたときには、メモを取ることに加えて、

**・復唱**
**・確認**

を行うことも非常に重要です。

実際の仕事の現場では、誰かが「ここは重要ですからメモを取りなさい」などとは言ってくれませんので、自分の判断と理解を頼りにメモを取ることになります。

ですから、メモをしたうえで、復唱し、間違いがないか、また双方に誤解がないかといったことを確認する必要があるのです。

こうしてミスを防止することで、やり直しなどの無駄がなくなり、仕事の質も効率も上がっていくのです。

2

メールの使い方が下手な人と仕事をすると、効率が著しく下がってしまう。送信する前に不備がないかを確認するのは、大事なマナー。

頭がいい人は、
**不備がないようにメールする**

惜しい人は、
**思いつきでメールする**

# トラブル回避の工夫をしよう

メールは、仕事の効率を上げるうえで最重要なツールと言えます。情報を整理し記録として残る形で先方に伝えることもできるし、複数の人に同じ文面を一度に送ることもできます。

何より、相手の都合に関係なく、今すぐ送ることができます。メールの一番の価値は「速さ」にあると言ってもいいくらいです。


ただし、メールはミスが起きやすいツールでもあります。

文面に失礼があったり間違いがあったりすれば証拠として残りますし、添付ファイルをつけ忘れたまま気づかないこともありますし、送信先が自動で出てきてそのまま送信してしまうなど、元々ミスが起きやすい土壌が整っているのです。

私自身も、忙しいときは、漢字の誤変換に気づかないことがあります。データを送るためのメールなのに、肝心のデータを添付し忘れることもあるので、なるべくメールを書き始める前に添付しておくようにしています。

ミスだらけのいい加減なメールを量産していると、それがその人の能力とみなされて、すぐに信頼を失うので要注意です。

メールのミスとは、丁寧に見直しをすれば誰でも防げるものなので、それをできないというのは致命的なのです。

実際、頭がいい人は、メールによるミスの発生が圧倒的に少ないです。

ミスが起きづらいように、メールの使い方を工夫していると言えます。

**まず、1回のメールに用件は1つのみが原則です。**

**その用件に関する必要事項は、一度ですべて整理して送ってくれるので、あとで見返すときも、その1通だけ見ればOKです。**

関連資料もきちんと添付されていますし、送る前に、不備がないか確認されているのがわかります。

また、頻繁に送る用件については、**テンプレート**を活用してスピーディーに片づけます。ビジネスメールの書き方を調べて一度完成させてしまえば、あとは宛先や数量な

## ミスが起きないようにメールを使う

**〈ミスが少ないメールの特徴〉**

・1回のメールに用件は1つ
・その用件に必要な情報は整理してまとめて送る
・その用件に必要な資料が添付されている
・件名が、内容を正しく表している
・テンプレートで誤字・脱字を減らす
・テンプレートで書く時間を減らす

**「誤送信」した場合の文例**

株式会社 ABC の中尾です。お忙しいところ失礼します。
すでにお気づきかと存じますが、先ほどイロハ商事様あてのメールを誤って ×× 様へ送信してしまいました。

私の不注意でご迷惑をおかけし、誠に申し訳ございません。
お手数ですが、件のメールは削除してくださいますようお願い申し上げます。

まずは取り急ぎ誤送信のお詫びを申し上げます。

**いい加減なメールを送っていると、受け取る側の効率が下がってしまう**

どの必要箇所を部分的に書き換えればいいだけです。

誤字や脱字などの心配が激減しますし、マナー的にもきちんとした印象を先方に与えられます。

何より、毎回イチからメールを書く必要がないので、仕事のなかでも特に時間を取られる「考える時間」を大幅に短縮できるわけです。

一方で、惜しい人の場合、1通のメールに複数の用件を入れてきたり、ある用件に関わる必要事項を「先ほど書き忘れていたのですが……」「先ほど間違ってしまったのですが……」という感じで、パラパラと時間差で送ってきたりします。

せめて件名に用件を明記して、内容がわかるようにしてくれればいいのですが、毎回「Re：○○○○」ということもあります。

後で「あの件ですが……」と言われても、こちらは何通もメールを見返して最新情報を探す手間もかかりますし、ミスやトラブルが起こって当然です。

厳密にはミスなのかリテラシーの問題なのかわかりませんが、配慮を身につけていないと、受け取る側の効率を著しく下げることになってしまいます。

社外の人にこういうメールを送るのは、自分の信用を自ら下げているようなものです。

## 「誤送信」してしまったときの対処法

また、メールに関しては、「誤送信」という、場合によっては大変なトラブルになりかねないミスのリスクもあります。

誤送信とは、メールアドレスの指定でミスをしたり、「返信」と「転送」を間違えたりして、本来送信したい人とは別の人にメールを送ってしまうことです。

**メールは一度送信したら取り返しがつきません**ので、送信前に宛先が間違っていないか必ず見直す必要があります。

ただ、もし起こってしまったら、すぐにそのメールの内容が第三者に知られても大丈夫なものかを確認しましょう。問題なければ、先方にメールを送り、丁重にお詫びして、削除してもらうようにお願いします。

メールの内容に問題がなくても、企業間の関係がわかってしまうことで、微妙な空気になってしまうこともあります。判断に迷ったら即刻上司に相談しましょう。

## ③

人間がやる以上、「必ずミスは起きる」と自覚する。
だからこそ、ミスを減らすために「仕組み」をつくることが大事なのだ。

# 頭がいい人は、仕組みでミスを防ぐ
# 惜しい人は、「ミスはない」と思っている

# ミスが起きにくい仕組みづくりとは？

ミスを想定して、そのリスクへの対処法を予め考えておくことは大切です。

しかし、一つひとつの仕事に対処法を用意しておくのは大変です。

すべて頭のなかに入れておくには限界がありますし、メモに残していても、何か起きたときにすぐ探し出せるとは限りません。

そこで、頭がいい人は、対処法を、仕組みに組み込むことを考えます。

仕組みに組み込むというのは、ルールや制度を変える、暗黙の了解を明文化する、帳票を見直し入力ミスをなくす、手作業で行っていたものを自動化する、プログラム上でチェック機能を追加しミスを防止するといったことです。

それによって、確実に失敗を減らし、自分以外の他のメンバーにも役立ちます。

たとえば、データ上のミスを見つけるためには、そもそもミスが起きにくいシステムを構築することです。

お客様に提出する「見積書」をつくるような場合を考えてみましょう。Ｗｏｒｄのような汎用ソフトで、商品名、型番、価格などを毎回手入力していたら、ミスは必ず起こります。

ミスをしないためには、商品を予めデータベース化し、品名を選択したら、型番や価格が自動で入力され、計算もされるようなシステムをつくっておくことです。

もちろん専用のシステムを構築すれば一番確実ですが、時間もコストもかかりますので、現実的ではありません。

しかし、「Ｅｘｃｅｌ」や「Ａｃｃｅｓｓ」といった一般的なソフトでもデータベースはつくれますし、多少工夫するだけでミスを防ぐことはできます。

惜しい人は、どうしても目先の仕事が優先になるので、こういった手間を避けがちです。ただ、暇をみながら一度つくればラクになるし、すでに社内でそういうシステムがあることもありますので、上司などに聞いてみるといいでしょう。

そのうえで、上司のチェックを経て承認をもらえば、単純なミスはなくなります（ただし、上司が何も見ずにハンコだけ押すことが日常になっている場合は、要注意です）。

## ミスを防ぐ工夫をしよう

ミスは起きる前提でリスク対策をしておく！

### ①ミスが起きない仕組みをつくる

**⇨ルールや制度を変える**
**⇨暗黙の了解を明文化する**
**⇨帳票を見直し、入力ミスをなくす**
**⇨手作業で行っていたことを自動化する**
**⇨プログラム上でチェック機能を追加する**

**【例】**
「見積書」なら、品名を選択したら型番や価格が
自動で入力され、計算までされるようにしておけば安心

### ②ケアレスミスを防ぐ

**⇨ダブルチェックで誤字・脱字・計算ミスなどを防ぐ**
**⇨違う方法で計算してみて、計算ミスを防ぐ**
**⇨ルーチン業務は、チェックシート化して漏れをなくす**

仕組みをつくれば、自分だけではなく、
他のメンバーにも役立つ！

## ケアレスミスの防ぎ方

次に、仕組みで対応できない部分です。

今日では複雑な計算や処理はほぼコンピューターがやってくれますので、私たちが直面するミスの多くは「ケアレスミス」ということになります。頭がいい人は、このケアレスミスを防ぐために、次のようなチェックを習慣づけています。

**・ダブルチェックをする**

基本的なことですが、「仕上がった仕事を、元データとつき合わせるなどして自分で見直し、さらに自分以外の人が見直す」ということです。

通常は、何度か丁寧にセルフチェックを行えば、誤字・脱字といったミスは防げますので、簡易な社内文書などでは、そんなに神経質にならなくてもいいかもしれません。

しかし、絶対にミスが許されない案件や、公式の社外文書、お金が関わる書類など、ちょっとしたミスが損害につながったり、会社の信用を落としかねないようなケースでは、必ずダブルチェックが必要です。人に見てもらう時間を捻出しなければならないので、余裕をもって仕事を進めることが必要となります。

**・違う方法でチェックをする**

計算ミスなどのチェックは、やり方を変えて同じ答えになるかチェックします。たとえば、「電卓で行なっていた計算を表計算ソフトで行なう」「表計算ソフトの計算式を別の関数を使って計算する」、単純な計算式なら「結果から逆算して同じになるか確認する」などのやり方が考えられます。

思い込みにとらわれているときは、何度やり直しても同じ結果になってしまうことが起きがちです。ですから、違うやり方でも同じ結果になるかを確認したほうが、速くて確実です。

**・チェックシートを活用する**

決められたルーチン業務に関しては、確認すべき項目をチェックシート化してしまうことです。漏れをなくすことで毎回同じ品質を保つことができます。

# ④

ビジネスにおけるお詫びとは、一つの駆け引きでもある。
誠意をもちつつも、一方的に自社が不利にならない手段を選ぶことが必要だ。

頭がいい人は、
**最適なお詫びの仕方を選ぶ**

惜しい人は、
**火に油を注ぐ**

## 利害関係があるからこそ、技術がいる

どんな人でもミスはゼロではありません。問題はミスをしたときに、いかに素早く対処し、どのように収拾をつけるかです。

ミスで客先に迷惑をかけてしまったら、まずは相手に対してお詫びをしなければなりません。

頭がいい人は状況に合わせて適切な方法を選択し、ミスを挽回します。

惜しい人は、自分なりに収拾しようと頑張るのですが、ビジネス常識がわかっていないので、火に油を注ぐようなこともしばしばです。

お詫びの仕方ひとつでも、それによって解決のスピードや、相手とのその後の関係性が大きく変わります。お詫びの仕方はそのミスの大きさによって5段階です。

**①メールでお詫び**

お詫びとは、相手にかけた迷惑や損害に対して最大限配慮し、誠心誠意行うものです。

なので、本来はメールで済ませるのは、失礼であることは覚えていてください。例外的に、笑って済まされる程度のミスや、双方の人間関係のなかで問題視するほどでもないようなミスについては、メールでお詫びしても大丈夫ということです。

メールでのお詫びのメリットは、言葉を慎重に選べるということです。送信するまでは何度でも書き直すことができるので、失言がありません。

デメリットは、感情が伝わりづらいことと、お詫びの仕方としては一番手軽なため、誠意がないと思われてしまうことがあることです。

## ②自分で直接お詫び

直接お詫びをします。方法は、「電話でのお詫び」と「直接会ってのお詫び」がありますが、直接会うほうがより誠意が伝わります。

ミスの大きさや相手の感情、地理的、時間的状況などを考慮して、どちらが適切か判断します。

直接伝えるメリットは、声の抑揚や表情から、こちらの誠意が伝わりやすいことです。

デメリットは、メールのようにやり直しがきかないため、思わぬ失言には注意しなけ

## お詫びの５段階を押さえる

お詫びの仕方ひとつで、
**「解決のスピード」**や**「その後の関係性」**に
大きく影響する！

低

〈深刻度〉

高

### ①メールでお詫び
メリット：言葉を慎重に選べる
デメリット：手軽なので誠意が伝わりにくい

### ②自分で直接お詫び（電話 or 面会）
メリット：声の抑揚や表情から感情が伝わる
デメリット：思わぬ失言に注意が必要

### ③上司によるお詫び（電話 or 面会）
メリット：提示する「改善策」への安心感が増す
デメリット：上司に迷惑がかかる

### ④文書によるお詫び（②と③を経たうえで）
メリット：組織として重大に捉えていることが伝わる
デメリット：証拠として採用される可能性がある

### ⑤金品によるお詫び
メリット：相手の納得感が高まり早期の解決が図りやすい
デメリット：コストがかかる

**利害関係がある場合の「お詫び」には
慎重な判断が必要！**

ればなりません。

### ③上司によるお詫び

大きなミスで関係者に多大な迷惑をかけると、自分ひとりのお詫びでは解決しないことがあります。その場合は上司から先方にお詫びをしてもらうことになります。

方法も、メールや電話によるお詫び、直接先方と話し合う機会をつくってのお詫びなど、そのときの状況によって使い分けます。

上司からお詫びをしてもらうメリットは、個人のミスを組織的な問題として扱っていることが相手に伝わるため、お詫びの内容（改善策）に対して安心感が増すことです。

デメリットは、上司に迷惑をかけてしまうことです。

### ④文書によるお詫び

上司のお詫びで解決しない場合は、文書によるお詫びをします。

ただし文書だけではなく、事前に②と③の方法を取ったうえで、さらに公式な文書を出すということです。

メリットは、しかるべき役職者名で出す公式文書ですので、組織としてそのミスを重大に捉えていることが相手に伝わることです。

デメリットは、記録に残るため、後々大きなトラブルに発展したときに証拠として採用されかねないことです。なるべく③までの方法で穏便に解決を図るように努力することが必要です。

### ⑤金品によるお詫び

どんなに誠意を尽くしてお詫びをしても、相手に損害が出たときには、許されないこともあります。賠償責任もあるようなケースは金銭的な解決を図るより他ありません。ただし、理不尽なクレームや、どさくさにまぎれた金品の要求には、応じてはいけません。

メリットは、相手の損害を補償することで、相手の納得感が高まり早期の解決が図れることです。

デメリットは、コストがかかることです。

# 第4章

# 頭がいい人が欠かさない仕事の習慣

# ①

「Ｅｘｃｅｌの達人」や「Ａｃｃｅｓｓの神様」は、職場では貴重な存在。普段の仕事でＩＴスキルを伸ばしていけば、効率も上がるし周りに認められやすくなる。

## 頭がいい人は、ＩＴで処理速度を上げる

## 惜しい人は、いつまでもやり方が同じ

# 目に見えて「できる人」になる

パソコンを使って、データや数字を扱う仕事をしている方は多いと思います。仕事の処理速度という観点で考えると、圧倒的な差がつくのがＩＴスキルです。

ＩＴスキルといっても、ネットワークなど専門的な話ではなく、**一般的な表計算ソフトやデータベースソフトをいかに使いこなせるかによって、仕事のスピードは大きく変わります。**

表計算ソフトで言えば、関数や各種設定を知っていて使いこなせるほど、複雑な計算も一瞬でできるし、ミスも防ぎやすくなります。

データベースソフトならば、その考え方を理解し、自分でデータベースを構築することで、正確なインプットができるとともに、正しい情報管理が行え、それらをもとにあらゆるアウトプットへの応用ができるのです。

さらにはマクロというようなプログラミングの知識があれば、ルーチン業務のような決まった仕事は、クリックひとつで仕事を終わらせることさえできます。

あなたの職場にも一人や二人いませんか？

「Ｅｘｃｅｌの達人」とか「Ａｃｃｅｓｓの神様」と言われ、職場のあちこちから飛んでくる要求に一瞬で応えてしまう人……。

こういう人は、**自分の仕事が早いだけではなく、職場の効率アップ、利便性アップにも貢献できる**ので、存在感も大きくなります。

## 面倒だと感じたら、その場で調べる

では、こういったＩＴのリテラシーを高めるには、どうすればいいのでしょうか。

頭がいい人の多くは、仕事のなかで覚えるという人がほとんどです。

というのも、頭がいい人は仕事をいかに正確に速く処理するかを、よく考えているからです。

**仕事を進めていくなかで「やりにくいな」とか「めんどくさいな」と思ったら、「何かよい方法があるのではないか？」とすかさず新しい方法を探します。**

その場で調べたり、知っている人に教えてもらったりして、自分のスキルを上げてい

## ＩＴリテラシーを身につけよう

普段の仕事のなかで、
面倒に感じることがあれば、
積極的に改善していくクセをつける

↓

**身につけると便利なスキル**

**①表計算ソフト**

→関数や各種設定で、複雑な計算も一瞬でできるし、
ミスも防止できる

**②データベースソフト**

→データベースの構築で、正確なインプットと正しい
情報管理、あらゆるアウトプットへの応用ができる

**③プログラミングの知識**

→ルーチン業務のような決まった仕事は
クリックひとつで終わらせることもできる

↓

**自分の仕事が早いだけではなく、**
**職場の効率や利便性に貢献しやすくなる**

**能動的に学ばないと身につかないため、**
**できる人の存在感が大きくなる**

くのです。

私自身も、困ったときは、インターネットで「こんなことできないかな？」というようなキーワードで検索し、その都度調べては仕事を効率化していました。

周囲の達人と言われる人たちもみんな同じでした。自分自身で「今のやり方がよいのか」自問自答し自ら学ぶという姿勢が必要なのです。

一方、惜しい人は、「やりにくいな」とか「めんどくさいな」とグチは言っても、知っているやり方でしかやろうとしません。新しい便利なやり方を学ぶより、すでにある不便なやり方を続けたほうが、まだラクだと感じるのです。

**ITのスキルは、自分から能動的に学ばない限り、自然とできるようになることは難しいです。だから、よく勉強している人とそうでない人の差が出やすくなります。**しかし、学びさえすればいいのですから、目に見える形でレベルアップをはかれるチャンスです。

もし、仕事の合間に学ぶのが面倒だったり、体系立てて身につけたいと思うなら、もっとも手っ取り早いのは、研修などで教えてもらうことです。時間とお金はかかりますが、それ以上に得るものが多いので、投資と考えてもよいと思います。

メリットは一度にたくさんのことが覚えられることと、わからないことをその場で聞けることです。デメリットは、必ずしも仕事に直結する機能ばかりではなく、それらは時間とともに忘れてしまうことです。

また書籍等で自分で学ぶのもよいでしょう。

本なら手元においておけるので、困ったときにいつでも調べられます。

もちろんインターネットでも調べられるかもしれませんが、書籍のいいところは体系立てて学べるところです。

ただし、「必要なときに調べる」ことが目的なら、予め目次に目を通しておき、何ができるのかをだいたい把握しておいたほうがいいでしょう。

②

机の上にものが多い人は、仕事にも無駄が多い。まず「ゴミを出さずに」仕事をすること、次に不要なものはその都度捨てることを心がけよう。

頭がいい人は、**余計なものを持たない**

惜しい人は、**余計なものを自ら増やす**

# 「いざというとき」に備えすぎ!

仕事を無駄なく行うことは仕事の効率に大きく影響します。

そのためには、いらない作業だけではなく、いらないモノをそぎ落としていくことも大事です。

いつ使うかわからない書類、いざというときにあると便利だけどほとんど使っていない文房具、読みかけの新聞や雑誌、意味もなく並べられた食玩……。

現在使用している机は、進行中の仕事に関係ないもので埋め尽くされ、作業がしづらい環境になっていないでしょうか。

パソコンも確認してみてください。

パソコンの動きを悪くする使いもしないソフトウエア、同じくパソコンの動きを悪くするファイルだらけのデスクトップ、なかに何が入っているかわからない整理されていないフォルダ、開封パスワードがわからなくなった二度と開けないファイル……。

必要なものがどこにあるかわからず、手間取っていませんか?

これらはすべて仕事の効率化を阻害するものです。

本来なら、ないに越したことはないのですが、整理が苦手な人は「捨てる」ことに対して抵抗があるようです。

「いつか使うかも」「ないと不安」「捨ててよいのか判断できない」「捨てるのがめんどくさい」……。

こうなると、身の回りはモノであふれてしまい、仕事の効率はどんどん落ちていき、仕事の処理能力の低い人と言われてしまいます。


その点、頭がいい人は、持ち物に無駄がありません。

必要のないもの、なくても困らないもの、使い終わったものは、次々に捨てていきますし、必要な人がいる場合はそちらに渡します。

ですから、いつも非常に整理整頓された環境で仕事をします。

整理整頓された環境で仕事をするということは、物を探したり、物を選んだりする生産性のない時間がなくなるということです。

## 仕事をする環境を整えよう

「いつか使うかも」「ないと不安」
「捨ててよいのか判断できない」
「捨てるのがめんどくさい」

### 不要な書類は、その都度捨てる！

**「どちらが最新版なのか」「どちらがいらないのか」**がわからなくなり、ミスが起きるもと。あとで捨てようとすると、再度、いちいち内容を確認するはめになる。

**★公式な書類や伝票などは、法律や社内のルールで保管期限が定められているものもあるため注意する**

### 〈ゴミを増やさないコツ〉

- □紙で保管する必要があるものや承認印がいるもの以外は印刷をせず、パソコンの画面のなかで処理する
- □試し印刷もしない
- □すでにゴミになった書類は捨てる
- □裏紙をやたらとメモ用紙にしない
- □パソコンの動きを悪くするソフトウェア、デスクトップ上の大量のファイルなどは片づける
- □メールも不要なものは削除し、必要なものはフォルダ管理する

**机の上もパソコンのなかも、いらないものはどんどん捨てて整理する**

## 「ゴミを出さない」意識で仕事をする

無駄なものを増やさないためには、いろいろな工夫が必要です。

まず、いずれ捨てることになるのですから、**最初から無駄なものをつくらないように心がけることです。**

書類や資料は、紙で保管する必要があるものや承認印がいるもの以外は印刷をせず、パソコンの画面のなかで処理をします。

試し印刷をしたり、未完成のものを仮印刷したりすると、気がつけば机の上に山積みになり、いずれゴミになります。

すでにゴミになってしまったものは、しかたないのですぐに捨ててしまいましょう。

こうした書類の裏をメモ用紙として取っておく人がいますが、程度問題です。「もったいない」という理由で大量に取っておくのは散らかるだけなのでやめましょう。

それに、似たような書類があると、**「どちらが最新版なのか」「どちらがいらないのか」**わかりづらくなります。

あとで捨てるとなると、必要な書類とそうでない書類を、再度いちいち確認しないといけなくなります。

**不要なものはまとめて捨てるのではなく、その都度捨てるのが鉄則です。**

ただし、公式な書類や伝票などは、法律や社内のルールで保管期限が定められているものもありますので、きちんと把握しておく必要があります。

パソコンのなかやメールも同じで、不要なものはその都度捨てるとスッキリします。

特にメールは受信トレイに何千件と溜まってくると、あとから見直そうとしたときに検索機能を使ったとしても見たいメールにたどり着くには時間がかかります。

頭がいい人は、不要なメールは削除し、必要なメールはフォルダ管理をして効率化しているのです。

頭がいい人は、仕事が速いことと、仕事に直接関係ない時間をつくらない工夫の両方に優れているのです。

## 3

### 頭がいい人は、必要な書類をすぐ探し出せる
### 惜しい人は、書類がゴミと一体化している

書類の保管は、すぐに探し出せる「検索性」の高さが重要。頭がいい人はファイルやフォルダを使って情報を適切に管理している。

## 探さない、なくさない、書類の保管

紙でのやりとりよりデータでのやりとりが増えてきたとはいえ、まだまだ紙の文書や資料は健在です。いらない文書を廃棄して、データで事足りるものは印刷しないようにすれば、残った文書はすべて必要なものということです。

あとはこれらの文書をどうやって保管していくかで、作業スピードを上げることができます。

頭がいい人は、必要な書類がいつでも取り出せるようによく整理しています。

だから、上司に「あの件だけど……」と言われても反応が早いですし、普段の仕事でも資料を探して右往左往することはありません。

個人で保管すべき文書か、社内で共有すべき文書かをきちんと区別し、共有の文書は共有の文書で、みんなが使いやすいように配慮して共有棚に入れておきます。

一方、惜しい人は、文書が横に寝かされた状態で、何枚も重ねられていることがあります。重ねることでデスク上で散らばるのを防いではいますが、必要なときに必要な資料が探せないのです。

本来なら共有ファイルに入れるべき資料も、仕訳されずにずっと放置されていることもあります。それで問題がないわけですから、重要な資料ではないということですが、それならそれで一定の期間が経った時点で廃棄していかないと、ゴミと区別がつかなくなっていきます。

## 検索性の高さを考えて収納しよう

では、書類の保管とは、どのように行うといいのでしょうか。

ファイルに保管する場合は、誰でも探しやすいように、背に具体的でわかりやすいタイトルを書きます。

積み上げ式に増えていく文書なら、それを保管するファイルも増えていくわけですから、タイトルに年月を入れたり、通し番号を振っていくとわかりやすくなります。

時系列でファイルするというのは、探しやすくするためのごく基本的な方法です。

## 記録済みの文書を保管する

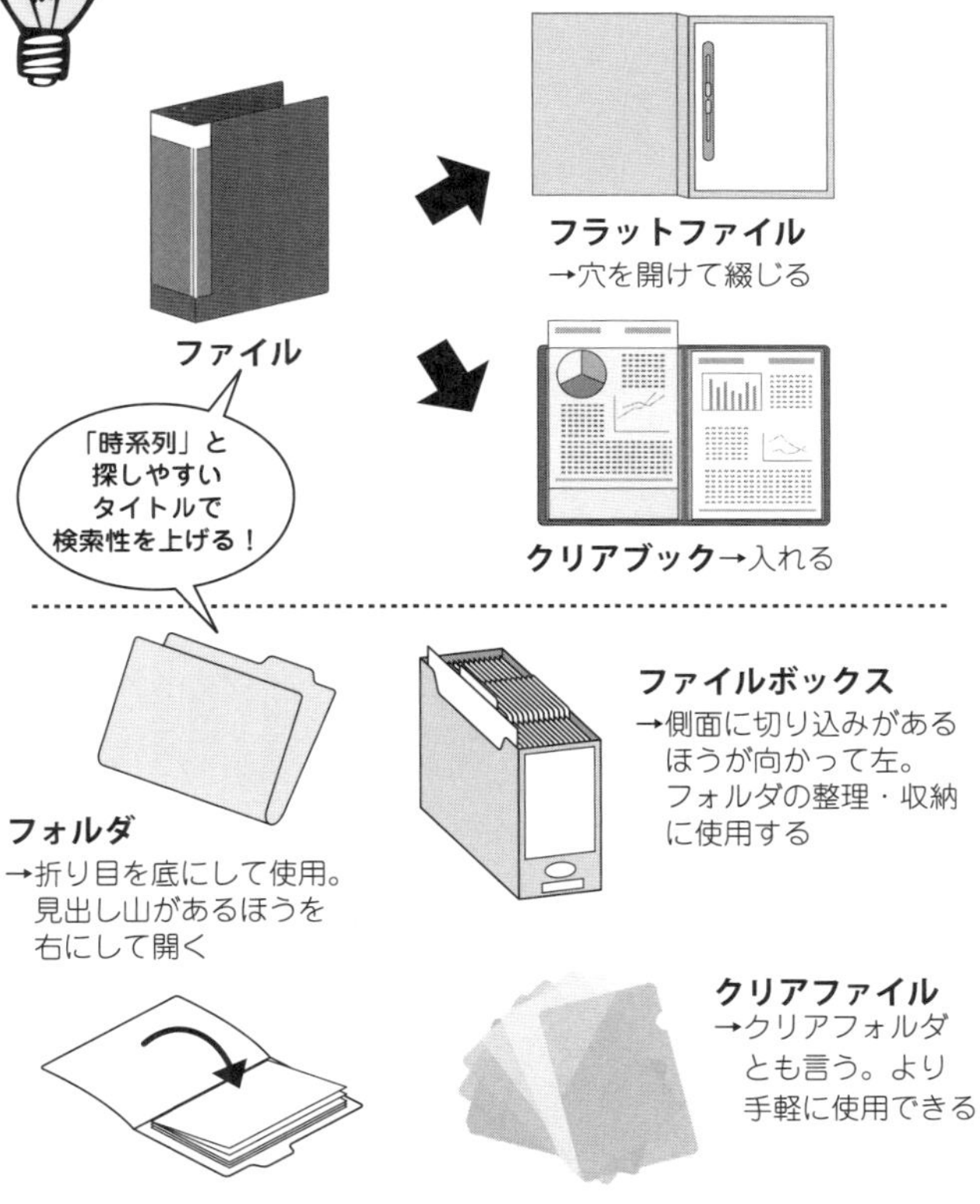
ファイル
フラットファイル
→穴を開けて綴じる
クリアブック→入れる
「時系列」と
探しやすい
タイトルで
検索性を上げる！
フォルダ
→折り目を底にして使用。
見出し山があるほうを
右にして開く
ファイルボックス
→側面に切り込みがある
ほうが向かって左。
フォルダの整理・収納
に使用する
クリアファイル
→クリアフォルダ
とも言う。より
手軽に使用できる

**使用頻度を考慮のうえ、探しやすく**
**取り出しやすく保管しよう**

「そういえば、こういう情報が載っている資料がなかったっけ？」というような曖昧な記憶しかない場合にも、時間というもうひとつの手がかりによって「このあたりかな」と目星をつけて探すことが可能だからです。

ただし、手元にやってくるすべての資料を1つのファイルに入れていくのは（さすがにそんな人はいないと思いますが……）、探す手間を考えると効率が悪くなります。

また、文書によって、重要度の違いがありますので、その点の配慮も必要です。

そこで、「帳票・台帳類」「請求書の控え」「報告書」「稟議書」「契約書」「マニュアル」「パンフレット」「クライアント別資料」「営業会議で配布された資料」「新聞の切り貼り」……などというように、文書の種類で分類していくわけです。

それほど分量がない場合は、フォルダを使って整理することも多いでしょう。

かさばらないですし、手軽なところでは、透明で中身が見えるクリアファイルを利用している人は多いのではないでしょうか。

こちらも、基本的には時系列で保管するのがよいと思います。新しい文書ほど上にくるようにするということです。

基本はA４サイズで揃えると、収納がしやすく、見栄えもよくなります。サイズが違うと、小さいサイズのものが大きなサイズのものに埋もれてしまうからです。

ある程度増えてきたら、ラベリングの必要も出てきます。

フォルダは手軽に利用できるし、文書を放り込むだけなので、ついつい数が増えてしまいます。

用がなくなった書類は、どんどん捨ててしまいましょう。

ときどき「その他」というような曖昧なタイトルのファイルやフォルダが見受けられます。恐らく「未分類」というくらいの意味だと思います。

「未分類」の書類はときどき見直して、廃棄するなり、あらたにフォルダをつくるなりして、整理していくほうがいいでしょう。

仕訳が面倒でろくに目も通さず放り込んでいる資料のなかに、今進めている仕事に関する注意事項のような、重要な書類が紛れ込んだりもしやすいです。

致命的なミスにつながらないよう、書類の管理は慎重に行いましょう。

# 4

自分にとっての1分と、他人にとっての1分は価値が違う。
そして、仕事ができる人の1分は、とても貴重であることを忘れてはいけない。

頭がいい人は、
**5分前には来ている**

惜しい人は、
**他人の5分を奪う**

# 時間は「カネ」と心得る

経営資源という言葉があります。

一般的には「ヒト・モノ・カネ」と言われ、今日ではこの3つに加えて「情報」も入れた4つを言います。

これらがどれか一つでも枯渇したり、バランスを失うと、たちまち経営は厳しくなってしまいます。ですから、この4つを常に意識して大事に管理しながら、自分自身の仕事を進めることが非常に重要です。

それに加えて、私が大事にしなければならないと考えているのが「時間」です。

「時は金なり」といいますが、私は、「時間」というのは経営資源であるカネの一部だと考えています。

目に見えない無形資源であるため、ついついおろそかにされがちですが、誰もが一日24時間を平等に与えられています。その使い方は、自分自身がコントロールしなければなりません。

惜しい人の特徴の一つが、時間のコントロールがうまくできないことです。「だいたいこれくらい」とか「ちょっとくらい遅れても大勢に影響はない」というふうに、時間をおおまかに捉えがちな人もいます。

これが問題なのは、自分自身の時間だけならまだしも、「他人の時間を奪ってしまう」ことです。

たとえば、「会議の時間に遅れる」「約束した納期に間に合わない」といった経験を、多くの人がしていると思います。

このように人を待たせる行為は、待っている人の時間を奪っていることになります。**たかが1～2分と思うかもしれませんが、「他人の資源」であることを考えると、自分本位の理由で無駄にしてはいけないものなのです。**

頭がいい人であれば、その1～2分で仕事をしますし、時間の意識がシビアなので、会議が始まる5分前には会議室にいるでしょう。

時間にルーズな人は、職場にいるだけで、確実に仕事ができる人に無駄な時間コストを払わせてしまうのです。

## 「時間」はカネの一部と心得る

### ◎人を待たせる人の考え方

「だいたいその時間あたりでやればいい」
「ちょっとくらい遅れても大勢に影響はない」

↓

・納期に間に合わない
・会議に遅刻する

↓

**他人の時間を奪ってしまう**

### ◎プロの考え方

「電車が遅れた」なんて言い訳にならない
何があっても時間を守れるように対策する

↓

**⇨時間に余裕を持ち、常に早めに現地入りする**

**⇨天候チェックをして、交通機関が乱れそうなら前日に移動することもある**

**⇨パソコンや、携帯電話、スマートフォンなどを駆使して、絶対に遅れないようにする**

「人の時間を奪う」ことに対して
意識を鋭敏にすること

## 交通機関の遅れは想定しておくべき

たとえば、講演会やセミナーの講師は、常に早めに現地入りして、時間に余裕を持って移動をする方が圧倒的に多いです。

「電車が遅れました」というような言い訳が通用しないのがプロの世界だからです。

飛行機を使う場合は、天候をチェックし、必要であれば前日に移動して、先方に迷惑をかけないようにします。

ですから、天気が悪くて受講生が集まっていなくても、講師だけは来ている……ということもよくあります。

私自身も、企業や団体さんなどのセミナーなどに呼んでいただくときは、同じようにしています。

主催者の方からは「この悪天候のなか、よく間に合いましたね」と言われます。

何気ない一言ですが、これは「遅れても仕方がない状況で間に合わせるというのは、さすがプロですね」という意味なのです。

日常的に忙しく仕事をしていると、いつの間にか約束の時間が過ぎていたというミスを犯してしまうことはあるかもしれません。

それを「仕方ない」と開き直る人はいつまで経っても信頼されませんし、一緒に行動すると無駄な時間を使わされるので、誰も関わりたくありません。

頭がいい人はそのようなことにならないように、自分なりの工夫をしています。

たとえば、**パソコンのスケジュール機能を活用し、10分前にアラームが出るようにセットしておけば、どんなに忙しく仕事をしていてもパソコンが教えてくれます。**

**外出先であれば、携帯電話のスケジュール機能を活用することもできます。**

使えるものは何でも使って、時間に対する意識を鋭くしていくことで、絶対の信頼を勝ち取ることができるのです。

## 5

仕事をスムーズにこなすためには、「仕事がしやすい職場」であることが重要。
挨拶を欠かさないのは、自分の仕事をはかどりやすくするためである。

# 頭がいい人にとって、**「挨拶」は仕事の一部**

# 惜しい人にとって、**「挨拶」は労力のムダ**

# 仕事がはかどらない職場の特徴

頭がいい職場というのがあります。

コミュニケーションが程よくとれ、それぞれが必要に応じて協力しあって、情報もきちんと共有されて、どんどん仕事をこなしていく職場です。

職場のなかに、仕事がはかどるよい空気、よいリズムがつくられているのです。

こういう空気をつくるのは、もちろんリーダーの力も大きいですが、実は一人ひとりの心がけがとても重要です。

職場に非協力的な人がいると、周りに影響してしまうからです。

私の考える仕事のはかどらない職場というのは、次のような職場です。

・人間関係がよくなく、どこか他人行儀でギクシャクしている
・緊張感がありすぎて、常に顔色を伺いながらピリピリしている
・言いたいことが言えずにモンモンとしている

このような状況がひとつでも起きていると職場が楽しくないですし、働いているうちに心が病みやすくなります。

ストレスは、恐ろしいほど仕事の進捗を悪くするので、要注意です。

## 挨拶ができない人は、緊張が解けない

では、仕事がはかどる職場では何が行われているのでしょうか。

どの職場にも共通して言えることが「挨拶」です。

それも「なんとなくの習慣」としてではなく、挨拶が「仕事の一部」と認識され徹底されているのです。


私がこれまで多くの人を見てきたなかで、やはりと言うべきか、仕事ができない人ほど挨拶ができない、もしくは下手くそです。

たとえば、パソコンの画面を見ながら、機械的に「おはようございます」と言葉を発する人はかなり多いです。声が出ていても、その人は実際にはコミュニケーションを遮

## 仕事がはかどる環境をつくる

### 職場の雰囲気を悪くする人の例

× パソコンを見たり、他の作業をしながら、声だけで挨拶する人

× 出社して、無言で席に着く人

↓

**ストレスで仕事がはかどらない職場**

- ●人間関係がよくなく、どこか他人行儀でギクシャク
- ●緊張感がありすぎて、常に顔色を伺いながらピリピリ
- ●言いたいことが言えずにモンモン

身の回りの仕事の流れがよくなる「挨拶」３原則

**①先手必勝**
**②明るい表情で、ハッキリと**
**③アイコンタクトを取る**

周りに声がけをしておくことで、
自分の仕事が進めやすくなる

断している状態です。

朝、職場に来て、黙って席に着く人もいます。

姿が見えれば、周囲の上司や同僚は、その人が出社したことは認識するはずです。

しかし、誰もその人に対して挨拶はしません。

それは、無言で席につくことが「話しかけないで」「あなたたちと言葉を交わしたくないんです」というメッセージになってしまうからです。

なかには「シャイで不器用なヤツ」と同情的に解釈してくれる人もいるかもしれませんが、それは「挨拶ひとつまともにデキない情けないヤツ」という評価にもつながっているのです。


そもそも、会って時間が経ってしまうと声をかけづらいです。

挨拶は、こちらが「コミュニケーションを取る準備ができている」ことを示す行為ですから、仕事をする上では義務のようなものです。

朝、職場にきたら、必ず周りとアイコンタクトをとりながら、自分から「おはようございます」と声をかけます。もちろん仏頂面では意味がないので、明るい表情を心がけます。

お互いに挨拶をすれば、そこからひと言、二言、「今日は暑いですね」などとたわいもない会話が交わされ、職場の雰囲気に余裕ができます。

これが、人間関係を円滑にし、過度の緊張感を緩和したり、お互いに協力してサクサクと仕事をしていくベースになるのです。

惜しい人は、基本的に自分一人で仕事をしたいという気持ちが強く、こういう配慮がないので、挨拶にかける労力を省くほうに意識が向かっています。だから周りをイライラさせ、ちょっとしたお荷物になってしまうのです。

本来チームとは、複数の人が協力することで効率を上げていくことも目的の一つですからね。

⑥

初対面のときに見た目以外の判断基準はない。パッと見で常識に欠けていたら致命的だから、身だしなみに手を抜いてはいけないのだ。

頭がいい人は、
**身なりも目的から逆算する**

惜しい人は、
**場違いな個性を発揮する**

# どんな仕事にも、有利な服装がある

私は毎年、いろいろな新人と接します。

新人ですから、ビジネスの知識も経験も、みんな似たり寄ったりです。

しかし、惜しい人は、この最初の段階からつまずいていることも多いものです。自分では理由がわからないようですが、恐らくその人の「身だしなみ」が影響していることも多いと思います。

そして、この「身だしなみ」の整え方も重要な能力の一つなのです。

「身だしなみ」といっても、ボサボサの髪の毛で相手に不潔な印象を与えたり、体型にあっていないサイズ感の服を着ていたりという社員は、昔ほど多くはいません。

こういう社員は、外部の人には世間知らずで機敏さに欠ける印象を与えるので、なかなか頼りにしてもらいにくいという面はあると思います。

それ以外だと、周りと同じような服装に埋もれるのが嫌なのか、デザイン性が高めのスーツ、カラーシャツといったものを身につけている人もいます。

こういう人は、業種や会社によっては、社内の雰囲気や取引先の雰囲気とはカラーが違うため、どうしても現場で浮きがちです。

もちろん、職種によって、あるいは相手との関係性やTPOによって、個性のある服装が武器になることはわかります。

しかし、身だしなみに限りませんが、戦略的に行っていることなのか、周りが見えていないだけなのかの違いは、ベテランから見ればだいたいわかるものです。

なぜなら、**戦略的に行う場合には、「自分がどう見られたいか」より「相手からどう見られると仕事によい影響があるか」に比重がある**からです。

## 最初はベーシックにいくのが安全

一事が万事で、身だしなみを見れば、その人の知識や経験、性格や行動の傾向などがおよそ見えてきてしまいます。

頭がいい人は客観的にものを見られるので、自分の印象のコントロールにも長けてい

## 「できない人」は見た目でわかる！

**身だしなみには、その人の知識や経験、性格や行動の傾向などが、現れる**

↓

最低でも基本はクリアしないと、
「**世間知らず、頼りにならない**」と判断される

**「身だしなみ」の基本**

**①不潔にならない**

**②サイズの合った服を着る**

**③一緒に仕事をする人たちと合わせる**

③については、最初はわからないので、
ベーシックなスタイルで信頼を得るのが確実！！

**⇨黒、紺、グレーのビジネススーツ**
**⇨白いシャツ**

**利害関係があるからこそ、**
**「ビジネス常識」の共有が大事になる**

るものです。

頭がいい人は、ビジネスにおける服装を、目的から逆算して決めていきます。始めて訪問する客先なら、まずはベーシックな黒、紺、グレーのビジネススーツに白いシャツで、信頼性を前面に出すのが一つのやり方だと思います。

**ビジネスはお金が動きますから、相手とビジネス常識を共有することで信頼を得ることが不可欠です。**

客先がラフな会社だとわかっていても、最初は基本に忠実にいくほうが、先方に安心してもらえる可能性が高いです。つき合いが深まってきたら、おいおい変えていってもいいのですから。


仕事ができる人は、同じようにできる人と仕事をしたいと考えます。

その判断において、身だしなみはかなり重要です。特に営業職や販売職のように、初対面の人と接する機会の多い仕事は、その第一印象が重視されます。

まだこれといった実績もない人が、パッと見でわかる常識にまで欠けていたら、一体何で判断されるというのでしょうか。

ともに仕事に関わる人たちから極端に外れたセンスだと、人は無意識にその人を色眼鏡で見たり、場合によっては避けるようになります。

「世の中との接点が少なかった人なのかな」

「何かの自己主張だとしたら、めんどくさそうな人だなあ」

こんなふうに思われてしまったら、仕事で信頼される以前に、一緒にビジネスを行う相手として認められづらくなってしまいます。

他人の身だしなみに対して何か言うと、人格否定にもつながりかねないし、表だって注意する人は少ないものです。ほとんどの人は途中で気づいて修正するため、私も放っておきますが、しばらく試行錯誤する人もいます。

自分の身だしなみが不安な人は、周囲の仕事ができる先輩や上司をよく観察してみるといいでしょう。**「自分は上司と何か違うな」と感じることがあったら、周囲は必ず自分より先にその違いに気づいています。**

そして、周りの人から「できない人」と思われている可能性は高いのです。

# 第5章

# 頭がいい人はこうしてサポートを得る

①

能力による制約、立場による制約がある以上、仕事はどれだけ人に助けてもらえるかも重要。とくに上司は強い味方だ。

頭がいい人は、
**上司の権限、経験、人脈を頼る**

惜しい人は、
**自分一人でやりたがる**

## 大事なのはアウトプットを出すこと

自分ひとりの力はたかが知れていますので、なんでもかんでも自分でやろうとしても限界はあります。では、限界が来たときにどうするのか？

答えは簡単、人に頼るのです。

頭がいい人は、周りの人に助けを求めることで、スピーディーに仕事を片づけていきます。

そのために、

「自分とは別の知識や経験がある人」

「ある仕事について効率的にやってくれる人」

「仕事の品質が高い人」

などを自分なりに観察して、普段から必要に備えています。

一方、惜しい人は「自分でやりきることが責任であり、仕事のできる人」だと思い込んでいます。もちろん、そういう心構えで仕事をすることは大事です。

しかし、できないものはできないのですから、適切な人を探して協力をあおぐほうが、よい結果が出ます。

「自分でやる」ことに固執して、適切なアウトプットが出せないことのほうが問題です。

## 「頼るべきとき」を間違えない

仕事をするうえで人に頼るとなると、もっとも身近で頼りになるのは実は上司です。

なぜなら、上司は「権限」と「経験」と「人脈」を持っているからです。

もちろん、上司でない先輩や同僚、他部門の人なども、それぞれに「権限」と「経験」と「人脈」を持っているかもしれません。しかし、「誰かが助けてくれる」という前提をつくるには、日ごろの関係性の積み重ねが重要です。

その点、上司は部下を支援することも仕事のうちですし、普段から一定の関係性はできている身近な存在です。

ではどういうときに上司の「権限」と「経験」と「人脈」を頼ればいいのでしょうか。

## 周りの人の力を活用しよう

限られた時間で仕事をするために必要な
人材を、日ごろから見極めておこう

**仕事ができる人**

「自分とは別の知識や経験がある人」
「ある仕事を効率的にやってくれる人」
「仕事の品質が高い人」
などを普段から観察し、助けを求める

**仕事ができない人**

自分でやり切ることが責任であり、仕事ができる人だと思い込んでいる

↓

**そのなかで、**
**もっとも身近で頼りになるのが上司！**

**【上司に頼る3つのポイント】**

**権限**　「社内のルールを変えたい」「顧客に提示する金額を変えたい」など、自分の判断では動かせない事案

**経験**　自分自身の経験値では予測が不能なことや、判断に迷うときに、上司の経験を参考にする

**人脈**　仕事を進める上で、より良い結果を出すために必要な人材を、上司に紹介してもらう

**自分より優れた人の知見を借りることで、スムーズに成果を出しやすくなる**

まず、**「社内のルールを変えたい」「顧客に提示する金額を変えたい」**などといったことは、権限がなければできません。自分がやるべきことを考えたら、次はそれを実行するために上司に動いてもらうことになります。

権限には責任が伴いますので、最終的な責任は決裁者である上司にかかってきます。ですので、頭がいい人は、取り返しのつかない失敗がないよう、詳細をしっかり詰めていきます。

次に、**自分自身の経験値では予測が不能なことや、判断に迷うときに、判断やアドバイスをあおぐ**ことです。

今直面している問題に、過去どのような経緯があったのか？

今からやろうとしている企画にはどのようなリスクが想定されるのか？

理屈のうえでは自分でも想定できることはあります。

しかし、仕事には思いもよらない落とし穴や、想定外の出来事が起きるものです。

そこで頭がいい人は、先回りして上司が持つ過去の経験値を活かそうとするのです。

最後は、**人脈の力**を借りることです。

上司は基本的に、部下に比べて幅広い情報や人脈を持っているものです。

たとえば、私が社内の人材育成部門にいたときの上司は、誰もが知っている大企業から中小企業、ベンチャーまで、社外にもさまざまな人脈があって、それを惜しむことなく私にも提供してくれました。そのおかげで、私が担当したいくつかの企画はうまくいき、それを参考にしたいと何社もお問い合わせをいただくほどでした。

当然ですが、上司に人を紹介してもらう以上、「こいつを紹介したのは失敗だった」と思われないよう、礼儀正しく振る舞うのが大事です。

上司の顔を潰さない配慮を徹底するべきでしょう。

「権限」と「経験」と「人脈」は、一朝一夕に得られるものではありません。

上司に頼るべき場面と、そうでない場面を見極め、上手に活用していくことを考えましょう。

②

仕事とはいえ、押しつけられると責任感がなくなるのが人間というもの。相手に力を発揮してもらうには「どう頼むか」がモノを言う。

頭がいい人は、
**「相手のやり方」を尊重する**

惜しい人は、
**「自分のやり方」を押しつける**

## 人に「頼む」ときに考えておくこと

仕事を頼むときには、頼む人の力量を見極める必要が出てきます。

当然ですが、速く確実にやってもらうには、能力のある人に頼むのが一番効率的です。経験もスキルもあるので、こちらが事細かに説明する手間が省けますし、ミスの心配も少ないです。

しかし、仕事は上から下に流れやすく、実際には部下や後輩といった経験の浅い人に頼むことも少なくありません。この場合は大変です。

能力や知識が足りていないこともあるので、指導も兼ねることになります。

こうなると、自分でやったほうが速いか、時間をかけてでも経験の浅い人に投資するかという選択になります。どれくらい緊急なのかとの相談です。場合によっては情報収集の仕方を教え、自分で学んでもらうという方法を取ることもあります。

そして、とくに自分より経験の浅い人に頼む場合には、「相手にどこまで任せられるか」という点もよく考えておく必要があるでしょう。

部下や後輩に仕事を頼んだ場合、依頼した仕事ができあがってきたら、自分なりに評価してあげることも大切です。

正当な評価を受けることはモチベーションに大きく影響します。やり遂げたことや苦労したこと、自信のあることに対して、認めてもらえるのは何よりもうれしいものです。

一方で、直すべき点は、次回以降繰り返さないためにも、指導しておきます。

## 「やり方」は任せてしまうのがお互いにラク

頭がいい人は、まず一通りアウトプットのイメージと、その仕事のやり方を説明しますが、基本的に「やり方」は相手に任せることが多いです。

最終的に求める結果さえ出してもらえば、プロセスは気にしないということです。

**仕事は、人に言われてやるよりも、自己の裁量でやりたいようにやるほうがモチベーションが高くなって、仕事がはかどります。**

また、経験がある人であれば、その人にとってやりやすい方法が確立していますし、自分よりはるかに上手くやってくれるかもしれません。

## 仕事がはかどる頼み方のコツ

相手に責任をもって仕事をしてもらうために、どうしたらいいのか？

**人に頼んで仕事がはかどる人**

アウトプットのイメージと仕事のやり方を説明したら、実際にどうやるかは相手に任せる

**→ただし、以下のことに注意する**

- **ルールや禁止事項は先に伝えておく**
- **最初のほうで、相手のやり方を確認しておく**
- **途中で一度経過を報告してもらう**

⇕

**人に頼むと仕事がはかどらない人**

自分のやり方に固執し、そのやり方を相手に押しつける

相手の態度が硬化する！

**「言われた通りにやったので、あとは知りません」**

**基本的に、仕事は自己の裁量でやりたいようにやるほうがはかどる**

守るべきルールや、禁止事項があれば、それは事前に伝えておけばいいだけです。

もちろん、手段を任せるといっても、最後まで完全に放置するのは、リスクが高いです。

結果が出てから「実は違いました」というのでは効率が悪すぎるので、途中で一度報告してもらったり、最初のほうに念のため仕事の進め方を確認するといいでしょう。

惜しい人の場合は、「自分のやり方を押しつける」ということをやりがちです。

これだと、相手は「信頼されていない」と感じますし、仕事に対する責任感を持てなくなってしまいます。

**相手が「言われた通りにやったので、あとは知りません」というスタンスになってしまうのは、こういう押しつけ型の頼み方をした場合に、よく見受けられる現象です。**

指示通りにやらないと文句を言うくせに、その結果不備があったりすると責任を押しつけてくる人への対抗策として、最初から責任の所在をハッキリさせておきたいということです。

仕事を快く引き受けてもらえるかは、日頃の人間関係の影響が大きいです。その関係を構築するには正しい依頼の仕方を積み重ねていくことが重要です。

誰かに仕事を頼んだときに、断られたり、嫌がられたり、しぶしぶ引き受けてくれたとしたら、過去の積み重ねに原因がある場合があります。

合理的に考えれば「仕事なんだから、やってくれて当たり前」ということになるのでしょうが、人間同士のやり取りですから、頼み方ひとつでずいぶんと相手の反応が変わってきます。

次のページに「人が嫌がる仕事を頼む場合の話し方」を紹介しています。

頭がいい人が、どのように相手の抵抗感を和らげていくのか、ひとつの参考になると思います。

**④なぜ頼むのかを伝える**

「自分でやるべきだけど、どうしても納期に間に合いそうになくて、困っているんだ」

理由もなく手間のかかることを依頼すると反発されます。

**⑤具体的な依頼内容を伝える**

「具体的なやり方は……、注意点は……、納期は……」

「わからない」「できない」と言われないように、アウトプットと手順を、すぐに取りかかれるように説明します。

**⑥仕事を進めるための問題がないかを確認する**

「何か困ったこととか、わからないことはないかな？」

その時点の疑問点を確認し、解消することで、相手は安心して仕事を引き受けられます。

**⑦了解を得る**

「忙しいのは重々承知してるけど、なんとかお願いできないかな？」

丁重にお願いすることで、相手から「私にやらせてください」という気持ちで引き受けてもらたいですね。

**⑧必要な支援を約束する**

「やっている途中でも、わからないことや困ったことは、いつでも聞いてほしい」

了解後のフォローも約束し、安心感を与えましょう。

**⑨感謝を伝える**

「ありがとう。とても助かるよ。○○さんが困ったときにはいつでも言ってください」

感謝されることはモチベーションの源泉です。感謝なくして人を動かすことは不可能です。

## 人が嫌がる仕事を頼む場合の話し方

ときには、難易度の高いことや、すごく手間のかかることを頼まなければならないこともあります。

相手が自分の部下でもない限り、「そんな面倒なこと、私に押しつけないでください！」などと一蹴されることもあるでしょう。

そんなとき、頭がいい人は次のようなステップで抵抗を緩和します。

### 反発されにくい頼み方のコツ

**①相手の状況を確認する**

「○○さん、忙しいところ申し訳ないのですが、ちょっと時間もらえるかな？」

相手もヒマではありませんから、相手の状況を見て頼むタイミングを見極めましょう。

**②仕事を頼みたい意思を伝える**

「頼みたい仕事があるんだけど」

まずは結論を伝えます。いきなり頼みごとを切り出すのは気が引けますが、前置きが長いと相手はイライラするものです。

**③難易度が高いことや、手間がかかることを伝える**

「今回の仕事は手間がかかって大変だけど、ぜひお願いしたいんだ」

あとから「聞いてない」「だまされた」と言われないよう、正直に伝えます。大変だということを前提に話をしたほうが「意外にできそう」と感じてくれます。

# ③

人脈は運でできるものではなく、自らつながる努力が必要。知り合うための投資はもちろん、自分を「頼りになる」と印象づけることも欠かせない。

## 頭がいい人は、背伸びして人脈を広げる

## 惜しい人は、人脈を「ずるい」と言う

# 人脈には、時間と手間とお金がかかっている

私がこれまで見てきた頭がいい人は、いざとなったときにその人脈を活用し困難な仕事もスムーズに進めたり、相手のほうから有益な情報提供や仕事の打診があったりして、仕事の成果をさらに高めていく人たちです。

惜しい人は、人脈を使って物事を進めることを「コネ」と蔑《さげす》み、「ずるい！」と言います。こういう人は、人脈があることを単なる「幸運」と考え、その有無によって仕事の進め方に差がつくことを不公平と感じるのでしょう。

しかし、ほとんどの人脈は、人がそれまでの努力の積み重ねによって築き上げてきたものです。現に、「一度パーティで会ったことがある」くらいの関係を人脈とは呼ばないし、この段階では発展性のあることは何も起こりません。

人脈づくりには、多くの場合、手間や時間、場合によってはお金といった投資を行う必要があります。

そして、投資によって得られた「きっかけ」が、信頼関係や協力関係に発展するには、また別のハードルがあります。

人脈とは、お互いに良い影響を与え合う関係、依存することなく、困ったときには頼れる信頼関係があることであり、一朝一夕にはできないからこそ、その人の実力の一部と言えるのです。

頭がいい人にとって、人脈を使って仕事をすることは特別なことではありません。

## 格上の人に認められるにはハッタリも必要

人脈づくりにおいて大事なのは、まずは誰とつながりたいかです。

やみくもに人脈構築をしようとしても難しいです。限られた時間を有効に使うには、「この人とつながりたい」という人選が必要になります。

それは、**「情報を持っている人」「知識や経験を持っている人」「権限を持っている人」**などです。これらは、社内、社外を問わず同様のことが言えます。

## 社外人脈を築くには？

**社外人脈は運ではなく、
手間や時間、お金を使ってつくるもの**

↓

**つながりをつくろう！**

### ①行きつけの店のなかに接待に使えそうな店も入れておく

「どこでもいいですよ」「あなたに任せます」と
言われたら、試されていると思っていい。
「誘われてよかった」と思われる店を開拓しておこう

### ②「できる人」に一緒にきてもらう

二人だと、まったく会話が成立しない場合も
あるため、味方がいると心強い

### ③最低限、会話を成立させるだけの「知識」は身につけていく

経験も実績も相手に遠く及ばない場合でも、自分の
存在感を示す必要はある。ハッタリも大切

**自分より格上の人とつながるには、
背伸びすることも必要**

まずは、そういう人と面談のアポイントを取ります。

頭がいい人は、接待で使えるようなお店を、普段から行きつけの店にしている人が多いようです。雰囲気の良いお店、美味しいお店……。必ずしも高級店や流行りの店というわけではなく、打ち解けて話がしやすいということもポイントです。

招待した人が「あなたに誘ってもらってよかった」と思ってもらえるようなお店を持っていることは、いざというときに心強いものです。

相手のほうから「どこでもいいですよ」「あなたに任せます」と言われたとしたら、それは言葉の通りではなく、あなたは試されていると心得たほうがよいでしょう。


相手が自分より年齢的にも実績的にも明らかに格上だとしたら、たまたま一度名刺交換したくらいでは、アポイントさえ取れない可能性があります。

しかし、もし会える機会を得られたら、自分の周りの「できる人」に一緒に行ってもらうのが有効です。レベルが違いすぎて「まったく会話にならない」という状況を回避するためです。

ただし、そのなかでもあなた自身の存在感を出さないと、人脈にはつながりません。

**多少ハッタリでも、あなた自身を「できる人」として認識してもらうことが必要です。**

経験も実績も相手に遠く及ばないとしても、会話を成立させる「知識」だけは、猛勉強して確実に身につけていきましょう。

この機会を逃したら、次はないかもしれないからです。

本来、人脈のレベルを上げるには、自分のレベルを上げるしかありません。

何も持たない人が有力者から引き上げてもらうなんていうのは、希《まれ》なことです。

つながりができたら、相手の期待以上のアウトプットや成果を出す努力をしてください。それによって、相手のほうからつながりを大事にしてくれるようになります。

究極の人脈づくりは、自分自身が頼られる有能な人材となることなのです。

なお、せっかくつくった人脈に胡坐をかいていると人はどんどん離れていきます。人脈は大切にメンテナンスしていくことです。

# 第6章

# 頭がいい人の行動の指針とは？

①

ビジネスでは、良くも悪くも変化しないと生き残れない。現状に甘んじる姿勢は組織にとって足手まといになるので、要注意だ。

# 頭がいい人は、「現状打破」を訴える

# 惜しい人は、「現状維持」を訴える

# よく批判をする人の2つのタイプ

物事を批判的に捉えがちな人がいます。
こういう人はまわりに敬遠されがちですが、一概に悪いとも言い切れません。
批判のなかには、重大な指摘が含まれていることもあるからです。
批判が多い人のタイプには次のように2種類あります。

**①ある事象に対して批判的に意見をし、そのことを阻止しようとするタイプ**
→保守的な現状維持型の人で、できない人の特徴のひとつです。
**②ある事象に対して問題意識をもち、改善策を提示するタイプ**
→現状打破型の人で、これは頭がいい人の特徴と言えます。

会社には社内外のさまざまな要因でいろんな変化が起きます。
社内であれば、方針が変わる、制度が変わる、プロセスが変わる、システムが変わる、上司が変わる。

社外であれば、法律が変わる、事業環境が変わる、顧客ニーズが変わる、株価や為替が変わる。

ビジネスでは、常に改善・革新を続けなければ、生き残れないのです。

ところが、この変化の入口で、まず批判を展開するのが、①の仕事ができないタイプの人なのです。

「今までとやり方が違う」「新しい書式をつくらなければならない」「前のほうが使いやすく、新しいのは使いにくい！」「今度の上司は○○だー」……。

**何かが変わるとき、こんなふうに反射的に反対する人がいます。**

新しいことに慣れるのは面倒ですし、今までのやり方を否定されることもあるわけですから、気持ちはわかります。こういった批判は、多くの場合、変化につきもののストレスを解消するのが目的なのです。

もちろん、特定の人が苦しんでいる場合、変化に伴う負担がその人にだけ集中している可能性もあり、組織として調整する必要はあるかもしれません。

## まずは協力的な姿勢でいく

### 【物事を批判的に見る２つのタイプ】

**①現状維持タイプ → 変化することに不満がある**

保守的で、新しいことには反射的に「Ｎｏ」と拒否反応が出るタイプ。

**〈変化に直面したときの話し方〉**
「今までとやり方が違う」「前のほうが使いやすい」
「今度の上司は○○だ」

**②現状打破タイプ → 現状に対して不満がある**

問題意識を持ち、改善策を提示するタイプ。いわゆる頭がいい人。

**〈変化に直面したときの話し方〉**
「では○○の手順を、×× に変更しますね」
「○○に問題が起りそうなので、手を打つ必要がありますね」

**「離別感」を持とう**

**「それは間違っている」**という言葉が出やすい人は要注意。「他人と自分は違う」ことを認識しよう

**ビジネスで変化は避けられない。**
**いったんは受け入れる姿勢を持とう**

ただ、**長期的な成長やリスクへの対処を考えたとき、変化というのは必ず必要なものです。したがって、基本的に、いったんは協力的に受け入れる姿勢が求められるのです。**

では、もう一つの②のタイプはどうでしょうか。

②のタイプの人は、現状の仕事のやり方を、よりよいほうへ変えたいといつも考えています。なので、ずっと同じやり方のまま、仕事が改善されないことには批判的です。

もちろん、現状打破のための行動が必ずよりよい結果に結びつくとは限りませんが、変化が起こること自体に肯定的なのです。

ですからこのタイプは、変化を冷静に受け止めます。

まず考えることは、その変化に伴い、自分は何をすればいいかということです。

「では○○の手順を、××に変更しますね」

「○○に問題が起こりそうなので、手を打つ必要がありますね」

というふうに、対応を検討していきます。

## 他人と自分は考え方が違うのが大前提

少し角度を変えると、批判を好む人には「離別感」が希薄な傾向もあります。

離別感とは、「他人と自分は違うことを感覚としてわかっている」ことです。

仕事ができない人は、他人の言動に対して、「それは間違っている」「その価値観はおかしい」という否定の言葉が出やすいです。

人の考えを「間違っている」と言い切ってしまうのは、自分基準でものを考えているからです。これは、「相手も自分と同じ価値観で当たり前」という心理から生まれる考え方です。

一方、頭がいい人は、誰かの意見に対して、否定も肯定もせず、そのまま理解しようとします。「そういう考え方もあるんだ」「面白い価値観だね」という言葉は、離別感のある人から出やすい言葉です。

これは、先入観をもって人や考え方に接しないということです。

②

「自分の考え」に固執しがちだと何年やっても伸び悩む。ビジネスでは、よりよい考え方やノウハウが出るたびに、自分を更新していくことが必要だ。

# 頭がいい人は、**ビジネス常識に従う**

# 惜しい人は、**自分の常識に従う**

# 自分を貪欲に更新する

常識とは、ある範囲のなかで、人々が共通に持っている「知識」や「判断の基準」のことです。ですから、普段の生活のなかにある一般常識は、育った環境や、受けてきた教育などの積み重ねにより、人によってバラツキがあるのは仕方ないことです。

しかし、ビジネスの常識は別です。

ビジネス常識は、社会に出てから身につけていくものですので、ある程度共通していることを前提に、みんな仕事をしています（「ある程度」というのは、ビジネス常識は、人それぞれの常識に影響を受けることもあるからです）。

会社のなかで共通の知識や判断基準がなければ、円滑に仕事は進まず、トラブルばかり起きてしまいます。

たとえば、新入社員には会社の常識や、業界の常識というものはほとんどありません。いろいろな地域や学校の出身者が一度に集まるわけですから、トラブルになることもしばしばです。

問題なのは、仕事ができない人は、この新入社員と同じレベルからなかなか成長していかないということです。

つまり、一定の経験を積んでも、ビジネス常識が身につかないのです。

たとえば、意見が対立したときに、「話し合いで、よりよい答えを出していく」という発想がないので、意見がぶつかり続けるばかりで、健全な議論ができないということが起こります。

他にも、ミスをしたときに言い訳が多かったり、納期に間に合いそうもないのに仕事を抱え込んだり、わからないことを自分の判断だけで進めてしまったりなど、もともと持っている自分の常識へのこだわりが強すぎる傾向があります。

頭がいい人は、ビジネスにおいては、ビジネスの常識を尊重します。

時間厳守や報連相のような日常的な習慣はもちろん、必要に応じて上司を頼ったり、同僚をサポートしたり、組織のなかで仕事を回していくコツも蓄積していきます。

**従来の自分の考え方や知識、ノウハウなどをどんどん更新し、よりよいものに変えていくことへの抵抗が少ないのです。**

## なぜいつまでも「新人レベル」なのか？

**〈成長しない人〉**

ビジネス常識より自分の常識にこだわるため、
なかなか考え方や知識、ノウハウなどを更新できない

→健全な議論ができない
→ミスしたときに言い訳が多い
→納期間近なのに、仕事を抱え込む
→わからないことを勝手な判断で進めてしまう
……など

⬍

**〈頭がいい人〉**

従来の自分の考え方や知識、ノウハウなどをどんどん更新し、よりよいものに変えていくことへの抵抗が少ない

→周囲の「できる人」を見本にして、貪欲に新しい
考え方、やり方を吸収していく

**「自分のやり方」は、常に新しいやり方に取って代わられる！**

なぜなら、それらは身の回りの仕事ができる人たちを観察したうえでの知見を、自分なりに取捨選択したものだからです。

だから、頭がいい人はいつも仕事が正確で速いのです。

## よりよい仕事のやり方を探す

以前は、「部下は上司の背中を見て育つ」とか「仕事は教わるものではなくて盗むものだ」というようなことが、よく言われていました。

最近では、こういう不親切な上司はかなり少なくなっていますが、上司にとっても自分が持っているスキルや経験を、漏れなく部下に伝えるというのは難しいことです。

多くの上司は、基本的なことは丁寧に教えますが、あとは必要に応じて対処療法的に指導していくスタイルでしょう。

逆にいうと、部下が効率が悪いなりにも自己流で仕事をこなせていると、上司が指導してくれることは少ないかもしれません。すると、部下はよりよいやり方があっても学ぶ機会を失ってしまいます。

ですから現代においても、ある程度は部下のほうから仕事のやり方を盗んでいかなくてはならないのです。

頭がいい人は、取り入れるかどうかは別として、常によりよい仕事のやり方を探しています。

「よりよいやり方」を探すには、「見本を見つける」のが手っ取り早い方法です。

同じ仕事や似たような仕事をやっている人で、「この人は仕事が早いなぁ」と思う人を見つけたらその仕事の進め方を観察しています。直接本人に聞くこともあります。

もちろん、見本の人のやり方が必ずしもベストではないので、無理に同じやり方にする必要はありませんが、部分的にでも取り入れられる部分は取り入れていくと効率は上がります。

実際、**周りの人も日々成長していますので、アンテナを張っておくことで能力を高めるヒントが引っかかってくる可能性は大きいのです。**

「自分のやり方」に固執してしまうと、自分と違うやり方をしている人を見ても、いいところを見落としやすくなるので、もったいないと思います。

③

「よい職場」や「よい上司」に恵まれなかったとき、環境が変わるのを待っていては時間が無駄になる。自力で学べることはいくらでもあるはずだ。

# 頭がいい人は、不利な環境でも学ぶ
# 惜しい人は、環境に恵まれれば学ぶ

# 他人の力で成長するか、自力で成長するか

仕事ができる人も、ほとんどの人は最初からそうだったわけではありません。

もちろんその要素があるかないかは、社会人になる前にある程度できあがっています。

そのある程度できあがった状態を見て、会社は入社試験を行い、自社の水準にあった人材を採用するわけです。

つまり、今会社に所属している人は、入社時点で一定の評価を得ていたのです。

しかし、それはやがて過去形になります。入社したときは誰だって会社から期待されていたはずですが、年月がたつとともに、「できない人」が散見されるようになる……。

どうしてこのようなことが起きるのでしょうか。


人が成長する方法は、**「他人に成長させてもらう」**か、**「自分で成長する」**かの二通りしかありません。

「他人に成長させてもらう」という場合、会社で言えば上司や先輩による育成、会社に

よる教育制度などがそれにあたります。

つまり、職場や上司に恵まれない、会社に教育制度がないなどの場合は、成長する方法のひとつが得られないということです。

たとえば、有能な上司に恵まれなかった人が、上司に恵まれた同僚と同じスタンスで仕事をしていたら、落ちこぼれる要因の一つとなるかもしれません。

だからといって、「運が悪かった」と諦める必要はありません。そのような環境でも成長し続ける人はいるのです。

## 「有利な人たち」に遅れをとらないために

頭がいい人は、もうひとつの成長方法である「自分で成長する」によって、日々成長を続けています。

もちろん、研修などで新しい知識を学んで、自分自身でも努力して実力をつけていくのが一番いいに決まっています。

しかし、誰にも教えてもらえなくても、自分の足で書店に行き、自分のお金で関連書籍を買い、自分の時間を使って読んだ人は、自分自身のノウハウとして着実に蓄積していくことができるでしょう。

自分の成長を誰かが計画してくれて、その計画に沿って教育され、その内容を発揮できる場（仕事）が用意されて、仕事をさせてもらえ、気がついたら成長していた……というのは会社のＯＪＴや部下育成という観点から言えば理想的です。

人材育成の担当者であればそれを目標とすべきですが、現実にはそんなにうまくいくことはありえません。

**環境は変えられませんから、一人ひとりのビジネスマンにとっては、自分なりに実力をつけていくのが、一番時間を無駄にしないで済む方法です。**

あなたが文句を言っている間に、環境に恵まれた人たちが、どんどん成長していきます。そして、あなたより先に環境に頼らないことを決めた人たちも、どんどん先に進んでいきます。

実際には、「他人に成長させてもらう」のは補助的な効果しかありません。

他人からの支援を受けようと受けまいと、人は自力で成長していくしかないのです。

〈著者紹介〉

**中尾ゆうすけ**（なかお・ゆうすけ）

大阪で生まれ、現在は東京都在住。

コンピューター関連の技術・製造現場で、モノづくりのプロセス設計と現場指導、品質管理・原価管理等を通じ、仕事の効率化や人材育成の基本を学ぶ。

その後一部上場企業の人事部門にて、人材開発、人材採用、各種制度設計などを手がけ、人材を中心とした組織力の向上、現場力の向上ノウハウを独自に構築。

研修やセミナーなどでは、理論や理屈だけではない現場目線の実態に即した指導・育成は「成果につながる」と、受講者やその上司からの信頼も厚い。

2003年より日本メンタルヘルス協会・衛藤信之氏に師事し、公認カウンセラーとなる。

その他、執筆・講演活動など、幅広く活躍中。

著書に『これだけ！OJT』(すばる舎リンケージ)、『できるヤツは持っている「教えられ上手」の仕事力』『人材育成の教科書』(こう書房)などがあり、人事専門誌等への執筆、連載記事の執筆実績も豊富。


**入社1年目から差がついていた！**

**頭がいい人の仕事は何が違うのか？**

2015年4月27日　第1刷発行
2019年9月2日　第16刷発行

著　者――中尾ゆうすけ
発行者――徳留慶太郎
発行所――株式会社すばる舎
東京都豊島区東池袋3-9-7 東池袋織本ビル　〒170-0013
TEL　03-3981-8651（代表）　03-3981-0767（営業部）
振替　00140-7-116563
http://www.subarusya.jp/
印　刷――図書印刷株式会社

落丁・乱丁本はお取り替えいたします

ISBN978-4-7991-0428-6